François Villon (eig. François de Montcorbier oder des Loges) wurde 1431 in Paris geboren. Sein Schicksal nach dem Jahre 1463 und sein Todesjahr sind unbekannt.

»Was ist dieses Menschenleben gewesen? In den zehn Jahren, die wir überschauen können, wird daraus eine völlig gescheiterte Existenz. Hemmungslos in seinen Trieben, schwachen Willens, jähzornig im Streit, wird Villon bei Gelegenheit zum Dieb, zum Einbrecher, zum Mörder, um sich schließlich berufsmäßig, im Bund mit anderen, der Straßenräuberei hinzugeben. Nach dem Gesetz hat er mehrfach die Todesstrafe verdient... Tatsächlich ist Villon der bedeutendste Lyriker, den Frankreich im Mittelalter aufzuweisen hat. Und diese Zeit ist wahrhaftig nicht arm an Lyrik gewesen. Der Eigenbrötler, der Ausgestoßene, der *poète maudit* hat sie [...] alle übertroffen.« *Hans Rheinfelder*

»Wenn Chaucer das große Ausreifen und die Morgenröte eines neuen Paideuma vertritt, dann vertritt Villon, die erste Menschenstimme, die durch ein falsches ökonomisches System gebrochen wurde, auch das Ende einer Überlieferung, das Ende des mittelalterlichen Traumes [...]. Der härteste, der glaubwürdigste, der absoluteste Dichter Frankreichs. Der Entrechtete, der Realist, zugleich Gelehrter. Aber der mittelalterliche Traum war aus ihm getrieben. Ein unübertroffener Könner.« *Ezra Pound*

insel taschenbuch 1039

Villon

Sämtliche Dichtungen

FRANCOIS VILLON
SÄMTLICHE DICHTUNGEN

ZWEISPRACHIGE AUSGABE

Aus dem Französischen von Walther Küchler
Bearbeitet von Marie Luise Bulst
Mit einer Einführung von Hans Rheinfelder
und zahlreichen Abbildungen

INSEL VERLAG

insel taschenbuch 1039
Erste Auflage 1988

Hinweise zu dieser Ausgabe am Schluß des Bandes
Vertrieb durch den Suhrkamp Taschenbuch Verlag
Umschlag nach Entwürfen von Willy Fleckhaus
Druck: Nomos Verlagsgesellschaft, Baden-Baden
Printed in Germany

2 3 4 5 6 - 93

INHALT

ZUR EINFÜHRUNG

VILLON: SÄMTLICHE DICHTUNGEN

ANHANG

HANS RHEINFELDER

FRANCOIS VILLON

Eine Einführung
und ein Anhang ›über Walther Küchler‹

—

Durch die Literaturen des Mittelalters geistern ein paar merkwürdige Gestalten, eigensinnig im Leben wie im Dichten, von den zünftigen Literaten der Zeit unwillig und uneingestanden bewundert, aber heftig abgelehnt und befehdet, wie sie dem Bürger ob ihrer laxen Moral ein Greuel sind, nicht selten aber ein Herr von Stand und Rang sich darin gefällt, ihr Gönner zu sein. Von ihrem Leben will niemand berichten. Mühsam sucht heute der Forscher zusammen, was sich aus Archiven und vornehmlich aus ihrem eigenen Werk für die Kenntnis ihrer Lebensschicksale gewinnen lasse. Aber einseitig und lückenreich muß solche Kunde bleiben. In den Archiven sind es die Strafregister, die ihren Namen bezeugen. Was zwischen den Zeilen ihrer Dichtungen steht, sind meist dunkle Anspielungen, düstere Worte von enttäuschter Liebe, Hohn auf die Gesitteten, höllischer Haß gegen so manchen Kumpan.

Unbekannt ist selbst der Name jenes fahrenden deutschen Studenten aus Kaiser Barbarossas Tagen, des Vaganten, den sie den »Erzpoeten« nannten, der bald da bald dort auftauchte, sich auf die Gunst Rainalds von Dassel, des kaiserlichen Kanzlers, berufen konnte, sich aber in seinen lateinischen Sängen fröhlich zu Bacchus bekannte und noch zum Sterbezimmer die Schenke erkor: *Meum est propositum, in taberna mori.*

Hundert Jahre später treibt sich durch die Straßen und Gassen von Paris der arme Sänger Rutebeuf. Wo kam er her? Wo kam er hin? Sang vom Leid der Bettler und Lumpen, sprühte von Haß gegen Ausbeuterei, lachte hellauf in seinen liederlichen Schwänken, warf sich zerknirscht in frommen Gesängen Gott und der heiligen Jungfrau vertrauensvoll in die Arme. Zwei Seelen wohnten in seiner Brust, wie in der Brust seines Faust, seines Theo-

philus, des Teufelsbündlers, den er zwischen Unsere Liebe Frau und den Satan auf die Bühne stellte.
Als zu Beginn des nächsten Jahrhunderts Dante, der Florentiner, in höchstem Geistesflug die erhabenste Dichtung der Menschheit schuf, saß in den Kneipen der toskanischen Nachbarstadt Siena Cecco Angiolieri und sang in Sonetten seine hundertfünfzig unheiligen Psalmen auf Frauen, Wein und Würfelspiel, voll Zorn gegen den Vater, den Ratsherrn, der ohne Verständnis für das Genietreiben des Sohnes ihm den Brotkorb höher gehängt und den Wechsel gesperrt hatte. Dante hat ihn gekannt, geschätzt und gerügt. Cecco bewundert den frommen Dichterkollegen und lacht über ihn.
Im letzten Jahrhundert des Mittelalters begegnet uns in Frankreich der Größte in dieser tollen Schar, wiederum ein Pariser Kind, aus den Elendsvierteln der Stadt. François Villon nannte er sich, aber das war nicht sein Name. Man weiß nicht genau, wie er hieß – François de Montcorbier? oder François des Loges? –, als er im Sommer des Jahres 1431 getauft wurde. Nach dem frühen Tode des Vaters war ein Pariser Kaplan sein Vormund, Maître Guillaume de Villon: von ihm hat er den Namen sich zugelegt. Wäre uns von Villon nichts weiter bekannt als die dankbare Liebe und Anhänglichkeit gegen die Mutter und den Vormund, so müßte er uns allein schon um solcher Pietät willen liebenswert erscheinen. Der Pflegevater war vermögend. Er nahm sich des François gewissenhaft an und ließ ihn studieren. Daß die Mutter Analphabetin war, ist für die damalige Zeit nicht auffallend: nur in den höchsten Ständen erlernten die Frauen das Lesen und das Schreiben. Des Pflegevaters gedenkt François Villon gleich zu Beginn des eigentlichen Vermächtnis-Teils seines ›Großen Testaments‹ (S. 120/

121),[1] nennt ihn »mehr als Vater« und bekennt von ihm: »Mich sanfter stets behandelt hat er / Als eine Mutter ihren Sohn«. Indem er diese Redensart verwendet, denkt er aber keineswegs an die eigene Mutter; denn sie ist ihm über alles lieb! Ihr hinterläßt er als letzte Gabe ein ergreifendes Gedicht, nicht ein Gedicht zu ihrem Preis, sondern ein Gebet, ganz aus dem Geiste der Mutter empfunden, das sie lernen und alltäglich an die Gottesmutter richten kann. So wird Villon im Beten seiner Mutter weiterleben.

Des Dichters Studienzeit fällt in die letzten Jahre des Hundertjährigen Krieges zwischen Frankreich und England (1328–1453). Vielleicht erklärt es sich aus einem kriegsbedingten Tiefstand der Universität, daß Villon zwar Baccalaureus (1449) und selbst Magister artium (1452) wurde, aber nach Ausweis seiner Dichtungen dabei doch ein recht ungelehrter Mann geblieben ist, worunter er übrigens später selbst gelitten hat.

Aus dem Leben und Dichten des jungen Villon kennt man einige Tatsachen, die unvermittelt nebeneinander stehen und die man in der verschiedensten Weise zusammenzureimen versucht hat. Einerseits wurde er 1455 wegen Totschlags einige Zeit ins Gefängnis geworfen – er hatte im Streit den Priester Philippe Sermoise erstochen; auch soll er an einem Einbruch im Pariser Collège de Navarre beteiligt gewesen sein. Andrerseits scheint er dem damaligen Polizeipräsidenten, dem ob seines rechtlichen Sinnes bekannten und geschätzten Robert d'Estouteville (gest. 1479) ein Hochzeitsgedicht gewidmet zu haben, das dann Aufnahme in das »Große Testament« gefunden

1. Die Seitenzahlen in Klammern beziehen sich auf den Textteil des vorliegenden Bandes.

hätte (S. 162/163). Doch kann dies alles Ironie gewesen sein. Wie es sich auch verhalten mag, Villon schreibt im Jahre 1456 ein längeres Gedicht, das er selbst als ›Hinterlassenschaft‹ *(›Le Lais‹)* bezeichnet, ein Testament, worin er Freunden und Feinden Gutes und Ungutes hinterläßt. Dieses ›Kleine Vermächtnis‹ – wie wir es zur Unterscheidung von dem ›Großen Vermächtnis‹ bisher zu nennen pflegten – könnte sehr wohl in Gefangenschaft, im Angesicht des Todes entstanden sein. Daß er im Angesicht der Hinrichtung noch halb ernst, halb ironisch gedichtet hätte, wäre für die damalige Zeit nicht auffallend. In den zügellosen Jahrzehnten des Krieges hatten die Verbrechen aller Art so überhand genommen, daß öffentliche Hinrichtungen, durch Feuer, Schwert oder Strang, an der Tagesordnung waren. Wer war damals, vom Schlachtfeld und vom Richtplatz her, nicht an den Anblick gewaltsam getöteter Menschen gewöhnt! Der Tod war so vertraut, daß man vor ihm kaum noch scheuen konnte, weder vor dem fremden noch vor dem eigenen Tod. Dennoch wird man dem scherzhaften Charakter des ›Kleinen Vermächtnisses‹ und manchen seiner Anspielungen wohl eher gerecht, wenn man es als das auffaßt, was man sonst als ›Abschiedsgedicht‹ *(›Congé‹)* bezeichnet hat. Solche fröhliche »Testamente«, die vor einer Reise gedichtet wurden, gibt es im 15. Jahrhundert in größerer Zahl. Sie scheinen besonders bei den fahrenden Studenten beliebt gewesen zu sein.

Villon hat jedenfalls sein ›Testament‹ von 1456 noch manches Jahr überlebt. Aber er fand es damals richtig, für einige Jahre in unfreiwillig freiwillige Verbannung zu gehen. Zwischen 1456 und 1461 hat er sich schwerlich längere Zeit in Paris aufgehalten. 1457 befand er sich am Hofe des als Dichter gefeierten Charles d'Orléans, der sich, nach seiner 25jährigen Gefangenschaft in England, seit 1440 auf seinem Schloß in Blois niedergelassen hatte. Dort konnte Villon auch an einem Dichterwettbewerb teilnehmen und hat nach einer vorgegebenen Zeile die ›Ballade der Widersprüche‹ gedichtet (S. 232–235). In Blois müssen wohl auch die zwei Gedichte auf die Geburt des Töchterchens seines Mäzens entstanden sein, der Marie d'Orléans (S. 236–239, S. 240–245). Überschwenglich ist die Huldigung, die der Dichter dem Kind und seinen Eltern darbringt, von dem poetischen Vorspruch aus Vergils vierter Ekloge über die immer wiederholten, aus Worten der Marienverehrung geschöpften Lobpreisungen des Kindes bis zu der Schlußstrophe dienstbeflissener Unterwürfigkeit.

Vor und nach dem Aufenthalt in Blois ist Villon viel in Frankreich herumgekommen. Seinen Spuren begegnet man im Roussillon, im Poitou, in Moulins beim Herzog Louis de Bourbon, an den er einen dichterischen Bettelbrief gerichtet hat (S. 248–251). Es wird sich nicht bestreiten lassen, daß er eine Weile in der berüchtigten Verbrecherbande der Coquillarts verkehrt hat. Dort mögen damals die sieben dunklen Gedichte in der Gaunersprache entstanden sein, die in die vorliegende Ausgabe nicht aufgenommen worden sind. Die Argot-Gedichte ins Deutsche umzudichten, muß letztlich ein dichterisches Spiel bleiben: man kann sie stilgerecht nur in deutsches Rotwelsch übertragen, aber ohne all jene dunklen Wörter, Sätze und Zusammenhänge zu verstehen.

Genauere Kenntnis von Villons Leben und Treiben haben wir erst wieder für die Jahre 1461 und 1462. Er sitzt im Gefängnis in Meung-sur-Loire auf Veranlassung des dortigen Herrn, des Bischofs Thibaut d'Aussigny von Orléans, mit dem er sich nicht vertragen hat (vgl. den Beginn des ›Großen

Vermächtnisses‹, S. 58, 60, 61). Wodurch er sich die Haft zugezogen hat, ist nicht bekannt. Doch weiß man, daß er es nur der beim Regierungsantritt Ludwigs XI. (1461–1483) erlassenen Amnestie zu danken hatte, daß er noch im gleichen Jahr die Freiheit erlangte. Die Sache scheint recht ernst gewesen zu sein. Denn wiederum beginnt Villon in diesem Jahr ein dichterisches Testament zu schreiben, das sogenannte ›Große Vermächtnis‹, in dem sich die vielen Geschenk- und Huldigungsgedichte finden, die wir mit Villons Namen verbinden, und woran er wohl mehrere Jahre gearbeitet hat.

Nach der Entlassung aus der Haft wagt es Villon, wieder nach Paris zu kommen. Abermals hat es nicht lange gut getan. Wegen Diebstahls wird er ins Châtelet geworfen. Die baldige Befreiung verdankt er diesmal der Bürgschaft seiner Freunde. Kurz darauf kommt es 1462 zu einer bösen Messerstecherei. Villon wird dabei ergriffen, gefoltert, zum Tod des Erhängens verurteilt. Damals hat er seine beiden ›Epitaphe‹ geschrieben, eine »Grabschrift« eigentlich nur das erste (S. 206/207, mit Rondeau), das andere hingegen ein grausiges und ergreifendes Lied der Galgenbrüder (S. 264–269). Daneben aber steht der Vierzeiler, in dem er sich wieder über seinen eigenen sicheren Tod lustig macht (S. 264/265).

Zur Hinrichtung kam es jedoch damals nicht, ohne daß wir wüßten, welchen Umständen Villon die Begnadigung zu verdanken hat. Schwerlich geschah es auf des Dichters eigenes Gesuch hin. Im Zusammenhang mit diesen Wochen des Bangens scheinen die Gedichte von der ›Berufung‹ (S. 272/273, mit Faksimile S. 275) und vom ›Lob des Gerichtshofes‹ (S. 268–271) entstanden zu sein. Jedenfalls wurde am 5. Januar 1463 die Todesstrafe in zehnjährige Verbannung aus Paris gemildert.

Hier reißen alle Nachrichten über Villons Leben ab. Er hat wohl sofort die Stadt verlassen müssen, aber was er weiterhin trieb und wie es ihm erging, ist unbekannt. Die Sage hat sich dieses Dunkels bemächtigt, und was die Geschichte verschweigt, das versucht der Roman in mannigfacher Weise zu enthüllen.

Was ist dieses Menschenleben gewesen? In den zehn Jahren, die wir einigermaßen überschauen können, wird daraus eine völlig gescheiterte Existenz. Hemmungslos in seinen Trieben, schwachen Willens, jähzornig im Streit, wird Villon bei Gelegenheit zum Dieb, zum Einbrecher, zum Mörder, um sich schließlich berufsmäßig, im Bund mit anderen, der Straßenräuberei hinzugeben. Nach dem Gesetz hat er mehrfach die Todesstrafe verdient. Trotzig, verbittert und verhärtet, scheint er auch nie sich dazu verstanden zu haben, vor Gericht seine Schuld einzugestehen. Gewiß hat er in seiner Zeit so unrecht nicht, wenn er seinem Schicksal und der Gesellschaft die Hauptschuld zuschiebt. Wer wird im damaligen Paris einen Stein auf den Sohn armer Leute werfen wollen, der auf die schiefe Bahn geraten und immer weiter im Sumpfe versunken ist? Zu seiner eigenen Entschuldigung, zugleich auch in heftiger Anklage gegen das hochmütige Urteil der Satten, berichtet er im ›Großen Vermächtnis‹ (S. 68 / 69) die Geschichte von Alexander dem Großen und dem gefangenen Seeräuber Diomed, der den König nachdrücklich auf die soziale Bedingtheit des Verbrechertums hinweist.

Aber Villon will sich durch solche Erwägungen nicht etwa reinwaschen. Die Stimme des Gewissens ist nie völlig in ihm erstorben. Im Grunde seines Herzens bleibt die Sehnsucht nach dem Guten, gehalten durch das ihm nahe Bild der Mutter. Bei aller Not, in die er geriet, ist er in seinem Gottvertrauen nie wankend geworden. Gläubig empfiehlt er sich, in beiden Testamenten, in die Hände der Göttlichen Dreifaltigkeit und der gebenedeiten Gottesmutter (S. 40/41; S. 118–121). So bleibt er auch in schlimmsten Tagen seines Gaunertums sich des rechten Weges wohl bewußt (nicht anders, als das bei Verlaine der Fall gewesen ist), und auch wir Heutigen können dem Hochstapler François Villon unser Verstehen und die Teilnahme unseres Herzens nicht versagen, – selbst wenn er nicht so aufrichtig und ergreifend gedichtet hätte.

Tatsächlich ist Villon der bedeutendste Lyriker, den Frankreich im Mittelalter aufzuweisen hat. Und diese Zeit mit ihren mehr als vier Jahrhunderten Dichtung in französischer Sprache ist wahrhaftig nicht arm an Lyrik gewesen! Der Eigenbrötler, der Ausgestoßene, der *poète maudit* hat sie an dichterischer Kraft der Empfindung und des Ausdrucks alle übertroffen. Dabei ist sein Werk keineswegs umfangreich. Verloren ist ein von ihm erwähnter Roman aus der Jugendzeit, der ›*Pet au Diable*‹, wohl in Versen abgefaßt, wahrscheinlich ein Studentenschwank. Villon hinterläßt ihn im ›Großen Vermächtnis‹ seinem Pflegevater (S. 120/121). Erhalten sind die zwei sogenannten »Vermächtnisse«, das »kleine« und das »große«, ferner 17 ›Vermischte Gedichte‹ und 7 Gedichte in der Gaunersprache (Argot, *»en jargon jobelin«*). Die wichtigsten Quellen für unsere Kenntnis der Werke Villons sind fünf Handschriften aus dem 15. Jahrhundert, davon drei in Paris,[2] je eine in Stockholm und in Ber-

2. Aus der Handschrift 20041 (Bibliothèque nationale, Paris, fonds français) sind im vorliegenden Band drei Gedichte im Faksimile wiedergegeben: *Ballade des Dames du temps jadis* (S. 83 f.), die Ballade *En realgar, en arcenic rochier,* ›Ballade der Lästerzungen‹ (S. 167 f.), beide aus dem Großen Testament, und aus den Ver-

lin, sowie der älteste Druck von 1489.[3] Die erste moderne Kritische Ausgabe stammt von Auguste Longnon (1892), in späterer Auflage besorgt von Lucien Foulet (1911 und öfter); weitere Ausgaben von Louis Thuasne (1923), Alfred Jeanroy (1934), André Mary (1951) u. a.

Das ›Kleine Vermächtnis‹ *(›Le Lais‹ = le legs)* aus dem Jahre 1456 umfaßt 40 Strophen, deren jede aus acht Achtsilblern besteht (eine neunte, unbetonte Silbe wird nicht mitgezählt) und nach dem Reimschema ababbcbc gebaut ist.

Villon steht vor der Abreise nach Angers. Da hinterläßt er sein Hab und Gut den Freunden und Feinden: seinen zweifelhaften Ruhm dem Pflegevater, der spröden Geliebten sein Herz, dem Magister Marchand sein Schwert – und so fort. Viele der genannten Personen und viele der vorliegenden Beziehungen hat man feststellen können. Vieles aber liegt im Dunkel, so daß uns die ironischen Anspielungen nicht mehr verständlich sind. Eine Menge von Gegenständen wird da aufgezählt, wie es in den damaligen Testamenten üblich war, die sehr ins Einzelne zu gehen pflegten und auch das kleinste Ding des Eigentums und jede Beziehung sehr ernst und wichtig nahmen. Eine bestimmte Reihenfolge hält Villon dabei nicht ein: wie ihm die lieben Mitmenschen in den Sinn kommen, so bedenkt er sie und hängt ihnen etwas an – bis ihm

---

mischten Gedichten die Ballade der Berufung, *Question au clerc du guichet* (S. 275).

3. Édition de Pierre Levet, Paris 1489: *Le grant testament Villon / et le petit. Son codicille. Le iargon et ses balades.* Aus dieser Erstausgabe sind im vorliegenden Band mehrere Faksimiles zu finden (Druckerzeichen, Abbildungen, Probeseiten); vgl. die Einzelnachweise im Verzeichnis auf S. 299–301.

die Tinte eingefriert und das Kerzenlicht erlöscht (S. 54 f.).

Viel bedeutsamer als dieses fröhlich boshafte Scherzgedicht ist das ›Große Vermächtnis‹, von Villon schlechthin *›Le Testament‹* genannt. Strophe, Vers und Reimordnung entsprechen im Hauptteil ganz den Verhältnissen des ›Kleinen Vermächtnisses‹. Aber schon der Umfang ist sehr verschieden: den 320 Versen des ›Kleinen Testaments‹ stehen hier mehr als zweitausend gegenüber. In diese lange Dichtung finden sich – als Vermächtnis an bestimmte Personen – mehrere Einzelgedichte eingefügt, vor allem sogenannte Balladen, fünfzehn an Zahl. Unter ›Ballade‹ ist nicht das gleiche zu verstehen, was wir heute eine Ballade nennen. Mit dem Wort, das früher ›ein Tanzlied‹ bedeutet hatte, bezeichnete man im 15. Jahrhundert, ohne Rücksicht auf den Inhalt, eine dichterische Form, die aus meistens drei Strophen und einem Abgesang besteht. Bei Villon setzen sich die Strophen aus acht oder zehn Versen zusammen, der Abgesang aus vier, fünf oder sieben Versen. Statt des Achtsilblers findet sich auch der Zehnsilbler.

Im ›Großen Vermächtnis‹ nimmt der Dichter nicht nur von Paris, sondern vom Leben Abschied. Auch bei diesem Abschied, und hier nun erst recht, verfügt Villon über sein irdisch Hab und Gut. Aber es ist bloß der längere zweite Teil des großen Gedichtes, der in dieser Hinsicht dem ›Kleinen Vermächtnis‹ entspricht (von S. 120/121, Str. 1 an). Sofort bekundet sich der größere Ernst dieses neuen Testaments schon in den einleitenden religiösen Versen. Auch das erste Testament beginnt mit frommen Worten, in vier Zeilen (S. 40/41, Str. 1), wenn Villon seinen letzten Willen »im Namen des Vaters, des Sohnes und des Heiligen Geistes, und seiner glorreichen Mutter« niederschreibt. Gegenüber diesen wenigen, formelhaften Worten werden im zweiten Gedicht die Göttliche Dreifaltigkeit und Unsere Liebe Frau ganz in das Vermächtnis mit hineingenommen. Auch hier beginnt zwar der Letzte Wille »im Namen Gottes und seiner glorreichen Mutter« (S. 116/117, Str. 4; S. 118/119, Str. 4), aber dann folgt als erstes Vermächtnis in zwei vollen Strophen die gänzliche Hingabe der Seele an die Göttliche Dreifaltigkeit und Unsere Liebe Frau, des Leibes an die große Mutter Erde – ergreifende Strophen von echter Bußgesinnung. Im gleichen Ernst setzt nun auch die testamentarische Verteilung des irdischen Eigentums an die Hinterbliebenen ein: seinem Pflegevater hinterläßt er seine Bücher und seinen – heute verschollenen – ›Roman du Pet au Diable‹, der Mutter ein inniges Mariengebet in Form einer Ballade. Aber schnell verfällt Villon dann wieder in eine andere Tonart: nicht mehr freilich ist es harmloser Scherz und Spott wie in den Strophen des ersten Testaments, vielmehr bittere Ironie, lebensüberdrüssiger Hohn – uns heute dunkel in seinen Anspielungen –, wobei sich aber immer wieder auch schwere und bange Klänge der Besinnlichkeit und einer leiderfahrenen Weltklugheit vernehmen lassen, die an den ersten Teil der Dichtung erinnern.

Dieser erste Teil, die lange Präambel zu dem ganzen Vermächtnis oder, wenn man will, das grundsätzliche Fundament des Gedichtes, gehört samt einigen Balladen zu dem Tiefsten und Echtesten, was der Dichter geschrieben hat. Es ist eine Gewissenserforschung im Angesicht des Todes, eine Gewissenserforschung, die freilich nicht nur eigenes Versäumnis und Vergehen, sondern auch fremde Schuld erkennt und solcher Erkenntnis in furchtbarer Anklage Ausdruck verleiht. Sinnlos geht nun sein Leben zu Ende, verspielt und vergeudet ist die

Jugendzeit, unerbittlich steht der Tod vor ihm. Kurz war die Frist, und schnell ist sie verflogen. Nichts ist von Dauer, alles unterliegt dem Wandel, alles ist eitel. Enttäuschung und Erdenpessimismus des alttestamentlichen Predigers sind hier neu erlebt und neu in Worte gebracht, die in die erschütternde Not eines gescheiterten Lebens blicken lassen.
Vollendete dichterische Gestalt hat diese enttäuschte Gedrücktheit des Herzens in den Balladen und in einigen anderen Gedichten angenommen, die dem ›Großen Vermächtnis‹ eingegliedert sind und die beständig den *Vanitas-vanitatum*-Schrei fortklingen lassen. Diese Balladen sind wahrscheinlich großenteils schon früher entstanden und wurden vom Dichter geschickt in das ›Vermächtnis‹ eingefügt. An wenigen Stellen freilich dünkt uns, wie wenn Villon von seinem Gedankenweg abgewichen wäre, um für die Unterbringung einer Ballade den passenden Rahmen eigens zu schaffen. Andererseits wäre für die siebzehn Gedichte, die uns außerhalb der beiden ›Vermächtnisse‹ überliefert sind, sehr wohl in dieser langen Dichtung Platz gewesen. Dennoch: ein Zuviel hätte den Umfang des ›Großen Vermächtnisses‹ sprengen können. Diese siebzehn Gedichte müssen jedenfalls ganz im Zusammenhang mit den Balladen des ›Großen Vermächtnisses‹ gelesen und verstanden werden.
Schwermütig meditiert der Dichter über die Vergänglichkeit des Menschen. *»Ubi sunt qui ante nos in mundo fuere?«* – erklingt es traurig und in immer neuen Variationen im Refrain der Gedichte: »Wo schmolz der Schnee des Winters hin?« (S. 82/85, mit Faksimile S. 83/84) oder »Wo ist der tapfre Karl der Große?« (S. 86/87) oder »Das alles trägt hinweg der Wind« (S. 88/89). Nirgends so sehr wie im Hinschwinden der Frauenanmut ist der Wandel bedrückend. Die schöne Helmschmiedin

hat es erfahren und bricht darüber in wehmütige Klagen aus, in einem längeren Gedicht, das der Ballade verwandt ist (S. 92 ff.). Aus solcher Erkenntnis ruft der Dichter sogar den Freudenmädchen ein ironisches »*Carpe diem!*« zu (S. 100/101). Besonders eindringlich werden diese Rufe im Anblick der Gräber und der Toten. So im Beinhaus, wo Schädel auf Schädel in Reihen geschichtet liegen, bei den »*Innocents*«, dem begehrtesten Friedhof, den Paris im 15. Jahrhundert gehabt hat. Nach verhältnismäßig wenigen Jahren mußten dort die Gebeine der Beigesetzten wieder exhumiert werden, um anderen Toten Platz zu machen. Sie kamen dann ins Beinhaus, wo nunmehr hoch und niedrig, reich und arm, gut und böse nebeneinander lagen. Da muß man wohl eine besondere Brille haben, wenn man sie will unterscheiden können! Das mögen die Insassen des Blindenspitals der »Dreihundert« *(»Quinze-Vingts«)* mit der ihnen hinterlassenen großen Brille Villons besorgen! Auch unter solch schaurigen Scherzen verbirgt sich der ernste Gedanke von der Vergänglichkeit und von der Gleichheit aller Menschen im Tode, wie sie um dieselbe Zeit in den beliebten Totentänzen zur Darstellung kommt. Besinnlichkeit und makaberes Lachen wohnen in Villon nebeneinander, genauso wie man auf jenem Pariser Friedhof einerseits vom Tode gepredigt, andrerseits ausgelassene Feste mit buntem Händlertreiben gefeiert hat.[4]

4. Solche Einzelheiten aus der französischen Kultur des 15. Jahrhunderts findet man bei Johan Huizinga, *Herbst des Mittelalters.* Studien über Lebens- und Geistesformen des 14. und 15. Jahrhunderts in Frankreich und in den Niederlanden. Deutsch von Tilli Wolff-Mönckeberg. München 1924 und öfter. [Neue deutsche Fassung nach der Ausgabe letzter Hand (1941) von Kurt Köster als

So verschieden die Themen der Gedichte Villons sein mögen, alle haben zum Orgelpunkt das Erlebnis der Vergänglichkeit und der Gleichheit im Tode. Der Verfall körperlicher Schönheit wird dem Dichter zum Abscheu und zum Entsetzen, so besonders im »Klagelied der schönen Helmschmiedin« (S. 92 ff.). Naturalistisch furchtbar, ekelerregend und abschreckend malt er enttäuscht die Stätten sündhafter Freude. Mit spielerischer Lust stellt er Sprichwörter zusammen – Sprichwörterreihen waren in Frankreich am Ende des Mittelalters sehr beliebt – und sucht sich dabei nur solche aus, die von Wandel und Vergänglichkeit sprechen, alle nach dem Motiv »Heute rot – morgen tot« und sprachlich alle in ein »so lange – bis« *(»tant – que«)* gekleidet: »Der Krug geht so lange zum Brunnen, bis er bricht« (S. 220/221). Ganz nahe kommt er in solchem Spiel dem kalten Nihilismus Mephistos: »Denn alles, was entsteht, / ist wert, daß es zugrunde geht; / drum besser wär's, daß nichts entstünde«. So hat er auch mit Behagen »falsche Wahrheiten« (S. 226/227) zusammengebaut und im Paradoxon seine bittere Skepsis versteckt. Sie führt ihn bald zum hoffnungslosen Pessimismus, wie in der nach einer vorgegebenen Zeile gedichteten »Ballade der Widersprüche« (S. 232–235), bald aber auch zu einem tief erlebten und quälenden Οἶδα ὅτι οὐδὲν οἶδα sokratischer Selbsterkenntnis: so in der »Ballade der kurzen Redensarten«, wo er verächtlich die unwichtigen Dinge aufzählt,

---

9. Auflage, Stuttgart 1965.] Dieses Buch ist auf weite Strecken ein besonders anschaulicher Kommentar zu Villons Gedichten. – Dazu das grundlegende, zweibändige Werk von Pierre Champion, *François Villon, sa vie et son temps*. Paris, zuerst 1913, 2. Aufl. 1933, mit einem neuen Vorwort [Neudruck 1967].

die er kennt, und vor dem Wesentlichen in seiner eigenen Brust sich als unwissend bekennen muß: »Ich kenne alles, mich nur nicht« (S. 224/225).
In solcher Einkehr findet Villon den Durchbruch zu echter Lebensweisheit. Er läßt sich von Fortuna selbst, der Göttin des Wandels, ansprechen und beraten: Dem Wandel ist alles unterworfen, da hilft keine Wehr. »Mein Rat, Villon, nimm alles hin mit Dank!« (S. 260–263). Dabei gewinnt er auch mit scharfem Blick eine große Schau in die Zusammenhänge von Weltgeschehen und Menschenschuld (»Ballade guten Rates«, S. 218–221). Wenn er aus seinem eigenen Erleben auch das Recht ableiten darf, anderen Ratschläge zu geben, so geschieht dies dennoch nie mit Überheblichkeit: in ehrlicher Ironie meint er immer zuerst sich selbst, mitleidig lächelnd auch über sein eigenes Versagen. Weinen und Lachen liegen ihm gleich nahe, wie so oft auch den anderen Dichtern seiner Zeit: »In Tränen lach ich« (S. 232/233).
Dem Tod blickt Villon gelassen entgegen. Seine Schuld sieht er ein, nichts will er beschönigen, wenn er auch vor Gericht manches wohl erst auf der Folter gestehen mag. Drei Tage Frist noch erbittet er sich zum Abschiednehmen von den Seinigen. Er tut es in einem Gedicht (S. 268–271), das schon zwischen Himmel und Erde stehen will, an das Tribunal gerichtet, aber in jeder Strophe mit einem Anruf an die Himmelskönigin schließend. Hier greift sein menschliches Sein schon über den Augenblick des Todes hinaus. Dann wieder sieht er sich bereits tot und halbverwest am Galgen hängen, neben anderen Gehängten, und spricht als Toter zu den Vorübergehenden ein mahnendes und ein bittendes Wort: Ahmt uns nicht nach, aber höhnt auch nicht über uns! Betet für uns! »O, wolle niemand unsres Leides spotten, / Doch bittet Gott, daß er verzeih

uns allen« (S. 264/265). Und in der Tat: wer wird »den armen Villon« (S. 246/247) ins Gesicht anklagen wollen? Aus sozialem Elend zum Verbrecher geworden, hat er gleichwohl niemals unsere menschliche Sympathie verscherzt – wie so mancher Pharisäer und Schurke, der, im Glanz von Reichtum und Amt, selbstgefällig durch ein erfolgreiches Leben ging und den die Geschichte, vertrauend auf die Trägheit menschlichen Denkens, noch immer in Ehren nennt. Villon, der Gescheiterte, hat auch liebenswerte Züge gehabt: kindliche Anhänglichkeit an Mutter und Pflegevater, Treue zu den Freunden, Liebe zur Heimat (S. 228/229), Achtung vor seinem König, dem er freilich durch die gewährte Amnestie auch zu Dank verpflichtet war (S. 62/63), und trotz allem ein aufrichtiges Vertrauen auf einen gnädigen Vater-Gott.

Dazu war er ein großer Dichter. Scharf die Dinge und Verhältnisse seiner gärenden Zeit erfassend, so daß seine Strophen uns reiche kulturgeschichtliche Einblicke vermitteln können, hat er alles Erlebte in einem tiefen Gemüt gespiegelt und in zwingende sprachliche Gestalt gegossen. Ein Meister der Sprache, trifft er immer das rechte Wort am rechten Platz, versteht er die Kunst des packenden Ausdrucks und der Steigerung, handhabt er die Verse und Strophen mit natürlicher Grazie und ohne Zwang.

Man lese daraufhin einmal das Streitgespräch zwischen Villons Herz und Leib (S. 252–261). In diesem Dialog von 47 Versen wechselt nicht weniger als 44 mal das Gespräch von einem Partner zum andern. Schlag auf Schlag folgen sich Frage und Antwort, Ausruf und Einwurf, Mahnung und spöttische Erwiderung. Das ganze Gedicht ist kunstvoll als Ballade aufgebaut, in vier zehnzeiligen Strophen und einem siebenzeiligen Abgesang, jeweils in Zehnsilblern. Genauso wie in den anderen Balladen treten auch hier in jeder neuen Strophe und im Abgesang immer die gleichen Reime auf, so daß Villon hier in 47 Versen mit nur vier Reimen auskommt, die er in schönster Ordnung in jeder Strophe gleichmäßig wiederkehren läßt. Und in den engen Grenzen dieser stark geprägten Form welch ein Inhalt! Das Herz vertritt in nüchterner Realistik den Standpunkt der Gesundheit – der Leib, schwach und phantastisch, sündigt auf Kosten des Herzens, schlägt alle Warnungen des Herzens in den Wind. Der Dichter weiß recht wohl, wie er sich verhalten sollte, aber er sieht ein ander Gesetz in seinen Gliedern, das da widerstreitet dem Gesetz in seinem Gemüte.

Das Gewissen ist in Villon nie erstickt worden, und nur so konnte sein Menschentum heil bleiben und sein Dichten echt und tief werden. Ehrlich durch und durch ist er als Dichter sein Leben lang geblieben. Seine Empfindungen sind stark und echt. Aber kaum überrascht er sich auf einer heftigen Äußerung seiner Entrüstung, seines Schmerzes, seiner Verzweiflung, so überkommt ihn alsbald die Scham, und er versucht das Weh seines Herzens zu verhüllen und zu verbergen, gar oft unter dem Deckmantel bitterer Ironie, seltener in einem gutmütigen Lachen gelassener Selbstkritik oder trotzigen Humors.

Villons Dichtung ist realistischer und persönlicher, als man es bis dahin bei französischen Dichtern gewohnt war, so wenig es auch einigen seiner Zeitgenossen und seinem dichterischen Vorfahr Rutebeuf an Wirklichkeitssinn gebricht. Uralte Themen lyrischer Klage sind es, die Villon neu erfahren und ganz neu gestaltet hat: das Leid der Armut, die Begierde der Sinne, die Allgewalt des Todes. In den Jahrzehnten des französisch-englischen Krieges waren in Frankreich viele Menschen verarmt, aber viele andere zu Macht und Reichtum emporgekommen, die nun in Habsucht und Verschwendung sich über das Volk erhoben. Daneben stehen ein brüchiger Adel und eine gewissenlose Geistlichkeit, von denen kein Weg mehr zur Armut der Enterbten führt. Warum ist er, Villon, nicht auch als einer der Oberen zur Welt gekommen? Nicht ihr Luderleben weckt seinen Neid. Aber er weiß, daß er dann gewiß nicht vom leiblichen Elend auch ins seelische Verderben abgeglitten wäre. Was hätte aus ihm werden können! Aber er ist ein Ausgestoßener. Sein Schrei der Verzweiflung bleibt ohne Echo. Da kann er nur noch Verachtung für eine pharisäische Welt vermeintlicher Größe hegen und dieser Empfindung höhnischen Ausdruck geben. Unbändig bäumt er sich auf gegen das soziale Unrecht, dreihundert Jahre vor der Revolution. In solcher Hilflosigkeit verliert für ihn der Tod seinen Schrecken: *er* endlich wird sie alle gleichmachen, alle Zäune der Gesellschaft niederreißen. So sehr ihn die Vergänglichkeit quält, die in den Tod mündet, so sehr beruhigt ihn die Gleichheit aller vor dem Tode und vor Gott.

Über Walther Küchler

Walther Küchler war einer der besten Kenner französischer Sprache und Literatur, die Deutschland in der ersten Hälfte dieses Jahrhunderts gehabt hat.
Küchler wurde 1877 in Essen geboren. In Rheinland-Westfalen aufgewachsen, machte er am Gymnasium in Elberfeld sein Abitur. Nach Abschluß seiner Leipziger Universitätsstudien (Germanistik und neuere Sprachen) im Jahre 1900 war er als Lektor des Deutschen an der Universität Nancy tätig, wo er seine Lebensgefährtin fand, die Germanistin Jeanne Crépin. 1904 wurde ihnen die Tochter Elisabeth, 1915 der Sohn Heinz geboren, der als vielversprechender Historiker das Werk des Vaters hätte fortsetzen können, aber im Alter von 27 Jahren im Zweiten Weltkrieg in Rußland gefallen ist. Der Vater hat ihm ein ergreifendes Gedenkbuch gewidmet (»Pater-Mater, Heinz. Ein Menschenleben, im Krieg geboren – im Krieg verloren, 1915–1942.« Heidelberg, Verlag Lambert Schneider, 1947. 483 S.).
1904 und 1905 war Küchler als Instructor an der Cornell University in Ithaca (New York). 1906 erfolgte die Habilitation für romanische Philologie an der Universität Gießen. 1911 wurde Küchler als Nachfolger Karl Voßlers an die Universität Würzburg berufen.
Während des Ersten Weltkrieges mußte Küchler drei Jahre im Heeresdienst stehen. Seine Liebe zu Frankreich ist dabei eher gewachsen, sein mannhafter Pazifismus hat damals tiefe Begründung ge-

funden. 1922 folgte Küchler einem Ruf an die Universität Wien, 1927 an die Universität Hamburg. Dort waren ihm nur wenige Jahre ruhigen Schaffens vergönnt. Der Nationalsozialismus haßte selbständige Denker, Gegner der Aufrüstung, tapfere Verfechter friedlicher Beziehungen Deutschlands zu allen Nachbarn: so mußte Küchler, der auch nie als blinder Mitläufer zu gewinnen war, bereits 1933 sein Amt niederlegen. Im besten Schaffensalter von 56 Jahren zog er sich in die ländliche Bergeinsamkeit von Benediktbeuern (Obb.) zurück und führte dort zwölf Jahre lang das Leben eines schweigenden Philosophen.

Kaum aber waren Krieg und Tyrannei vorüber, wurde Küchler, damals schon fast ein Siebzigjähriger, als Honorarprofessor an die Universität München geholt, hat dort mit hinreißender Begeisterung über Gestalten und Erscheinungen der französischen Literatur gelesen und die zahlreichen, leidgereiften Nachkriegsstudenten durch seine Weisheit, sein Wissen, seine Vortragskunst und durch seine heitere Menschlichkeit im Fluge für sich und für den Gegenstand seiner Vorlesungen gewonnen. Bald stand auch das Ausland wieder offen, und Küchler trat in einen neuen Frühling geistiger Schöpferkraft, bis er am 2. August 1953 aus diesem Leben abberufen wurde.

Die zahlreichen wissenschaftlichen Veröffentlichungen Küchlers sind allen Jahrhunderten der französischen Literatur gewidmet, mit Vorliebe jedoch dem klassischen Jahrhundert, der Romantik und der Gegenwart. Dazu kommt noch vieles aus der deutschen, italienischen und spanischen Literatur. Bekannt sind vor allem seine Bücher über die französische Romantik (1908), über Romain Rolland, Barbusse und Fritz von Unruh (1919, 3. Aufl. 1949), über Renan (1921), Molière (1929), Rimbaud

(1948).[1] In der Zeit der Verfemung zwischen 1933 und 1945 war es Küchlers Trost, sich tiefer in die geliebten Schätze der Literatur zu versenken. Veröffentlichen konnte er damals nichts, nur im engsten Freundeskreise durfte man von seinen neuen Erkenntnissen hören. Es freute ihn jetzt, fremde Lyrik in deutsche Verse umzudichten: Baudelaire, Rimbaud, Villon, Walt Whitman. Küchler selbst veröffentlichte noch 1946 die sämtlichen Dichtungen Rimbauds, französisch und deutsch [Heidelberg, Verlag Lambert Schneider, 6. Auflage 1982], 1947 die Prosadichtungen Baudelaires [Heidelberg, Verlag Lambert Schneider, 3. Auflage 1974], im gleichen Jahr die »Grashalme« Walt Whitmans auf deutsch (in Zusammenarbeit mit seiner Tochter, Frau Elisabeth Serelman-Küchler), und anderes.[2]

1. *Arthur Rimbaud*. Bildnis eines Dichters. Heidelberg, Verlag Lambert Schneider 1948. 255 S. – Ergänzend hierzu: *Trunkene und gläubige Dichtung*. Rimbaud – Claudel (Iserlohn 1948). – In die Wiener Zeit fällt Küchlers Bearbeitung (Nachtrag) der weitverbreiteten Gesamtdarstellung von Heinrich Morf: *Die romanischen Literaturen* (1925, in Paul Hinnebergs ›Kultur der Gegenwart‹). – In Hamburg entsteht sein subtiles, wohl auch einseitiges und nicht unbestrittenes *Molière*-Buch (Leipzig / Berlin 1929), und er wird Mitherausgeber der Hamburger Zeitschrift und Schriftenreihe *Volkstum und Kultur der Romanen* (bis 1933). Küchler war von 1916 bis 1933 auch Mitherausgeber der Zeitschrift *Die Neueren Sprachen*, in der zahlreiche seiner Aufsätze und Besprechungen erschienen sind.

2. Ergänzend zu nennen sind hier vor allem: La Fontaine: *Fabeln*. Französisch und Deutsch (München 1948) und Vauvenargues: *Philosophie des Herzens* (Iserlohn 1948).

Die Ernte aus den Bemühungen um Villon einzubringen, war Küchler nicht mehr vergönnt.
Wie die Villon-Übertragung entstanden ist, läßt sich aus Küchlers Tagebüchern feststellen. In der ungeselligen Hitler-Zeit beschränkte sich der Verkehr der Verfemten und Nur-noch-Geduldeten auf seltene Begegnungen mit den wenigen Gleichgesinnten. So kam Küchler mit seiner Gattin von Benediktbeuern aus des öftern ins benachbarte Seesseiten (am Starnberger See), wo der Schloßherr, Rudolf Freiherr von Simolin, von früher Kindheit gelähmt, seit Kriegsbeginn von seinen geliebten Reisen abgeschnitten, unter den Schätzen seiner reichen Bibliothek saß und das Studium der Literaturen und der Kunst in seltener Weise verband. Der diese Zeilen schreibt, hat selber fünf Jahre lang, Monat für Monat, viele Abende in Seesseiten am Kamin in unvergeßlichen Gesprächen verbracht, bis zum Tode des großen Mannes im Mai 1945, hat auch die Bekanntschaft zwischen Baron Simolin und Professor Küchler vermitteln dürfen.
Um die Weihnachtszeit 1943/44 war Küchler wieder einmal in Seesseiten gewesen. Das Gespräch war auf Villon gekommen. Simolin hatte in seiner Bibliothek neben französischen Textausgaben auch eine deutsche Übersetzung. Küchler borgte sie sich aus. »Ich verglich die Übersetzung der Ballade von den Gehängten mit der meinigen, die ich vor vielen Jahren für die Vorlesung angefertigt hatte, fand diese besser, verbesserte sie, machte mich an andere Balladen heran und konnte dann nicht mehr aufhören.«
Am 24. Januar 1944 trägt Küchler in sein Tagebuch ein, daß die Villon-Übersetzung »heute fertig geworden« sei. Seine Gattin hatte ihn dabei redlich unterstützt. Aber es ist bezeichnend für den rechten Übersetzer, wenn er die »fertige« Arbeit nun

doch wieder als unfertig und verbesserungsbedürftig empfindet. Immer wieder nimmt er seine Übersetzung vor, immer wieder findet er zu ändern. »Die Worttreue wurde besser bewahrt, der Sinn schärfer erfaßt, die Reime wurden verbessert, Härten beseitigt, so daß die Übersetzung flüssiger und glätter geworden sein dürfte« – so gibt sich Küchler Rechenschaft.
Für eine Veröffentlichung waren damals und noch jahrelang die Zeitverhältnisse denkbar ungünstig. Erst zwölf Jahre später nimmt das Buch seinen Weg zum Leser.[3] Es besteht kein Zweifel, daß Walther Küchler, hätte er die Drucklegung noch selbst überwachen können, auch weiterhin da und dort an seiner Übersetzung gebessert hätte. So wie die Übertragung dem Publikum übergeben worden ist, dürfte sie nicht nur die bisher beste Villon-Ausgabe in deutscher Sprache darstellen, sondern muß zugleich als Musterwerk reifer Übersetzungskunst betrachtet werden – ein Beitrag zugleich, die Erinnerung an den großen Menschen, Philologen und Künstler Küchler lebendig zu erhalten.

(Aus dem Nachwort zur ersten Ausgabe 1956)

3. Vgl. hierzu die Nachbemerkung S. 302.

FRANCOIS VILLON

Sämtliche Dichtungen
Französisch und Deutsch

—

Le Lais

Das Vermächtnis

L'an quatre cens cinquante six,
Je, Françoys Villon, escollier,
Considerant, de sens rassis,
Le frain aux dens, franc au collier,
Qu'on doit ses œuvres conseillier,
Comme Vegece le raconte,
Sage Rommain, grant conseillier,
Ou autrement on se mesconte . . .

En ce temps que j'ay dit devant,
Sur le Noel, morte saison,
Que les loups se vivent de vent
Et qu'on se tient en sa maison,
Pour le frimas, pres du tison,
Me vint ung vouloir de brisier
La tres amoureuse prison
Qui souloit mon cuer debrisier.

Je le feis en telle façon,
Voyant celle devant mes yeulx
Consentant a ma desfaçon,
Sans ce que ja luy en fust mieulx;
Dont je me dueil et plains aux cieulx,
En requerant d'elle venjance
A tous les dieux venerieux,
Et du grief d'amours allejance.

Et se j'ay prins en ma faveur
Ces doulx regars et beaux semblans
De tres decevante saveur
Me trespersans jusques aux flans,
Bien ilz ont vers moy les piez blans
Et me faillent au grant besoing.
Planter me fault autres complans
Et frapper en ung autre coing.

Vierhundertfünfzigsechs man schrieb,
Als mich, Franz Villon, den Scholar,
Zu wägen der Verstand antrieb,
Aus freiem Antrieb, gern sogar,
Ob's recht mit meinen Werken war,
Wie es Vegetius erzählet,
Ein weiser Römer, klug und klar,
Wer anders tut, sich arg verfehlet.

Zu jener Zeit, wie ich's befind,
Zu Weihnacht tote Jahreszeit,
Da sich die Wölfe nährn vom Wind
Und man im Haus bei glühndem Scheit
Sich aufhält, weil es draußen schneit,
War ich der Liebe hartes Joch
Zu brechen willens und bereit;
Brach es mein Herz in Stücke doch.

Ich hab's auf solche Art getan,
Weil solche Dirn ich vor mir sah,
Die meines Todes sich versann,
Ohn daß ihr Bessres drum geschah.
Drob klag dem Himmel ich mein Weh,
Daß Rache er an ihr verübe,
Zu jedem Liebesgott ich fleh,
Und daß er heil die Qual der Liebe.

Und wähnt ich auch, mir wäre hold
Der süßen Blicke falsches Spiel,
Das mich so sehr enttäuschen sollt,
Wie tief es auch ins Herz mir fiel,
Ach, sie hielt nichts, versprach nur viel,
Sie, die in großer Not mich läßt.
Muß stecken anderswo mein Ziel
Und stoßen in ein ander Nest.

Le regart de celle m'a prins
Qui m'a esté felonne et dure:
Sans ce qu'en riens aye mesprins,
Veult et ordonne que j'endure
La mort, et que plus je ne dure;
Si n'y voy secours que fouïr.
Rompre veult la vive souldure,
Sans mes piteux regretz oïr!

Pour obvier a ces dangiers,
Mon mieulx est, ce croy, de fouïr.
Adieu! Je m'en vois a Angiers:
Puis qu'el ne me veult impartir
Sa grace, il me convient partir.
Par elle meurs, les membres sains;
Au fort, je suis amant martir
Du nombre des amoureux sains.

Combien que le depart me soit
Dur, si faut il que je l'eslongne:
Comme mon povre sens conçoit,
Autre que moy est en quelongne,
Dont oncques soret de Boulongne
Ne fut plus alteré d'umeur.
C'est pour moy piteuse besongne:
Dieu en vueille oïr ma clameur!

Et puis que departir me fault,
Et du retour ne suis certain
(Je ne suis homme sans desfault
Ne qu'autre d'acier se d'estain,
Vivre aux humains est incertain
Et après mort n'y a relaiz,
Je m'en vois en pays loingtain),
Si establis ce present laiz.

Der Blick von *der* schlug mich in Bann,
Die hart und treulos mich ließ leiden,
Ohn daß ich Böses ihr getan.
Sie will und heischt, ich soll erleiden
Den Tod und längres Leben meiden.
Nur Flucht, ich seh's, mir Hilfe bringt,
Die Lebensnaht will sie zerschneiden,
Ohn daß mein Gram ins Ohr ihr dringt.

Um solcher Fährnis zu entgehn,
Das Beste, glaub ich, ist zu fliehn.
Lebt wohl! Will nach Angers jetzt gehn,
Da sie gewillt ist, weiterhin
Mir ihre Gnade zu entziehn.
Durch sie ich sterbe, heil und gar,
Ja, Liebesmärtyrer ich bin
In der verliebten heiligen Schar.

Sei auch der Abschied noch so hart,
Ich darf nicht mehr an sie gedenken.
Mein armer Sinn deß' inne ward;
Ihr Herz tat sie 'nem andren schenken.
Des nie die Laune je verging
'Nem Hering aus Boulogne mehr
Das ist für mich ein böses Ding.
Möcht Gott doch hör'n mein Klagen sehr!

Da ich denn gehn muß, ohne daß
Der Rückkehr ich ganz sicher bin
– Ich bin ein Mensch nur (glaubt mir das)
Gleich andren, nicht von Erz noch Zinn,
Unsicher geht das Leben hin,
Nichts nach dem Tod sich wechseln läßt –,
Strebt fernen Ländern zu mein Sinn;
Drum setz ich diese Gaben fest.

Premierement, ou nom du Pere,
Du Filz et du Saint Esperit,
Et de sa glorieuse Mere
Par qui grace riens ne perit,
Je laisse, de par Dieu, mon bruit
A maistre Guillaume Villon,
Qui en l'onneur de son nom bruit,
Mes tentes et mon pavillon.

Item, a celle que j'ait dit,
Qui si durement m'a chassié
Que je suis de joye interdit
Et de tout plaisir dechassié,
Je laisse mon cuer enchassié,
Palle, piteux, mort et transy:
Elle m'a ce mal pourchassié,
Mais Dieu luy en face mercy!

Item, a maistre Ythier Marchant,
Auquel je me sens tres tenu,
Laisse mon branc d'acier tranchant,
Ou a maistre Jehan le Cornu,
Qui est en gaige detenu
Pour ung escot huit solz montant;
Si vueil, selon le contenu,
Qu'on leur livre, en le rachetant.

Item, je laisse a Saint Amant
Le Cheval Blanc, avec *la Mulle*,
Et a Blarru mon dyamant
Et *l'Asne Royé* qui reculle.
Et le decret qui articulle
Omnis utriusque sexus,
Contre la Carmeliste bulle
Laisse aux curez, pour mettre sus.

Zu allererst, bei ihm, dem Vater,
Beim Sohne und dem Heiligen Geist,
Bei Dir auch, hochgerühmte Mater,
Durch deren Gnade nichts verschleißt,
Bei Gott, ich lasse meinen Ruhm
Guillaume Villon, in dieser Welt
Geht ihm zur Ehre er schon um;
Auch meine Fahne und mein Zelt.

Item, der, die ich schon genannt,
Die mich so hart davongejagt,
Daß alle Freude mir entschwand
Und jeder Lust ich hab entsagt,
Laß ich mein Herz, schön eingeschragt,
Erbärmlich, tot, erstarrt und bleich:
Sie hat dies Leid mir zugejagt,
Gott schenke gnädig ihr sein Reich!

Item, ihm, den ich stets verehrt,
Magister Itier Marchand,
Laß ich mein scharfes erznes Schwert,
– Ich biet's Jean Lecornu auch an –
Doch lagert es als Pfand in Bann
Für eine Zeche von acht Sous.
Ich wünsche, daß bei Rückkauf man
Es ihnen nach dem Wert sprech zu.

Das »Weiße Roß« soll Saint-Amand
Zusammen mit dem »Maultier« haben;
Blaru nebst meinem Diamant
Das »Zebra«, mags auch rückwärts traben,
Und das Dekret, das sich betitelt:
»Jeder von jeglichem Geschlecht«
Und der Barfüßer Bull' bekrittelt,
Laß ich den Pfarrern als ihr Recht.

Et a maistre Robert Valee,
Povre clerjot en Parlement,
Qui n'entent ne mont ne vallee,
J'ordonne principalement
Qu'on luy baille legierement
Mes brayes, estans aux *Trumillieres*,
Pour coeffer plus honnestement
S'amye Jehanne de Millieres.

Pour ce qu'il est de lieu honneste,
Fault qu'il soit mieulx recompensé,
Car Saint Esperit l'admoneste,
Obstant ce qui'il est insensé;
Pour ce, je me suis pourpensé,
Puis qu'il n'a sens ne qu'une aulmoire,
A recouvrer sur Maupensé,
Qu'on lui baille l'Art de Memoire.

Item, pour assigner la vie
Du dessusdit maistre Robert,
(Pour Dieu, n'y ayez point d'envie!)
Mes parens, vendez mon haubert,
Et que l'argent, ou la plus part,
Soit emploié, dedans ces Pasques,
A acheter a ce poupart
Une fenestre emprès Saint Jaques.

Item, laisse et donne en pur don
Mes gans et ma hucque de soye
A mon amy Jacques Cardon,
Le glan aussi d'une saulsoye,
Et tous les jours une grasse oye
Et ung chappon de haulte gresse,
Dix muys de vin blanc comme croye,
Et deux procès, que trop n'engresse.

Man soll dem Meister Robert Tale,
Arm Schreiberlein am Parlament,
Der nichts versteht von Berg noch Tale
– Vordringlich dies mein Wille nennt –,
Mein Hosen geben, leichte Spend,
Sie ist noch in den »Trumelières«,
Um zu behauben, mehr dezent,
sein Liebchen Jeanne de Millières.

Weil er entstammt von guten Ahnen,
Ein bessrer Lohn für ihn sich schickt,
Der Heilge Geist mög ihn ermahnen,
Ist sein Gehirn auch ganz verrückt,
Darum so dacht ich mir zur Stunde,
Da er Verstand nur hat wie'n Schrein,
Man geb ihm die »Gedächtniskunde«,
Bei »Maupensé« lös' man sie ein.

Item, zu sichern ihm sein Leben,
Dem obgenannten Herrn Robert,
– Bei Gott, Neid soll es keinen geben! –
Mein Panzerhemd gebt, Vettern, her;
Das Geld, zum mindesten zumeist,
Soll nächste Ostern man verwenden,
Um diesem Pausback, dick und feist,
Ein Lädchen bei Saint-Jacques zu spenden.

Item, mit Handschuhn, rein Geschenk,
Und meinem Umhang, Stoff aus Seide,
Ich Freund Jacquet Cardon bedenk,
Dem Rutenbündel auch von Weiden,
Täglich 'ner fetten Gans zum Schneiden,
Auch einem Kapaun, reich an Fette,
Zehn Fudern Wein, so weiß wie Kreide,
Zwei Händeln, daß er nicht verfette.

Item, je laisse a ce noble homme,
Regnier de Montigny, trois chiens;
Aussi a Jehan Raguier la somme
De cent francs, prins sur tous mes biens.
Mais quoy? Je n'y comprens en riens
Ce que je pourray acquerir:
On ne doit trop prendre des siens,
Ne son amy trop surquerir.

Item, au seigneur de Grigny
Laisse la garde de Nijon,
Et six chiens plus qu'a Montigny,
Vicestre, chastel et donjon;
Et a ce malostru chanjon,
Mouton, qui le tient en procès,
Laisse trois coups d'ung escourjon,
Et couchier, paix et aise, es ceps.

Et a maistre Jacques Raguier
Laisse l'Abruvouër Popin,
Pesches, poires, sucre, figuier,
Toujours le chois d'ung bon loppin,
Le trou de *la Pomme de Pin*,
Clos et couvert, au feu la plante,
Emmailloté en jacoppin;
Et qui voudra planter, si plante.

Item, a maistre Jehan Mautaint
Et maistre Pierre Basanier,
Le gré du seigneur qui attaint
Troubles, forfaiz, sans espargnier;
Et a mon procureur Fournier,
Bonnetz cours, chausses semelees,
Taillees sur mon cordouannier,
Pour porter durant ces gelees.

Item, drei Hunde will ich geben
Regnier von Montigny, dem Held,
Jean Raguier hundert Francs daneben,
Genommen von dem eignen Geld.
Hallo! Dabei ist nicht gezählt,
Was ich mir noch verdienen kann:
Daß keiner mir die Seinen prellt
Und nicht zu arg den Freund geht an!

Item, dem Herren von Grigny
Laß ich zur Hut das Schloß Nijon,
Sechs Hunde mehr als Montigny,
Vicêtre, Burg und Mauerkron;
Dem üblen Wechselbalg Mouton,
Der im Prozeß ihm arg setzt zu,
Drei Peitschenhiebe und als Lohn
Ein Bett im Stock, zu leichter Ruh.

Und dem Magister Jacques Raguier
Laß Popins Kneipe ich; und doch,
Nebst Birnen, Zucker, Feigen, steh
Ein guter Bissen immer noch
Bereit im »Tannenzapfen«-Loch;
Dicht eingehüllt am Herd die Socken,
Vermummt, als Mönch, in seinen Schal;
Und wer dort hocken mag, bleib hocken.

Item, ich laß Herrn Hans Moutaint
Und Meister Peter Basanier
Die Gunst des Herrn, der hart und streng
Aufruhr und Untat straft, seit je;
Und meinem Anwalt, Herrn Fournier,
Kurzmützen, Halbschuh, gut von Sohlen,
Die ihm mein Schuster schneid und näh,
Um sich bei Kälte nichts zu holen.

Item, a Jehan Trouvé, bouchier,
Laisse *le Mouton* franc et tendre,
Et ung tacon pour esmouchier
Le Beuf Couronné qu'on veult vendre,
Et *la Vache:* qui pourra prendre
Le vilain qui la trousse au col,
S'il ne la rent, qu'on le puist pendre
Et estrangler d'ung bon licol!

Item, au Chevalier du Guet,
Le Hëaulme luy establis;
Et aux pietons qui vont d'aguet
Tastonnant par ces establis,
Je leur laisse deux beaux riblis,
La Lanterne a la Pierre au Let.
Voire, mais j'auray *les Troys Lis*,
S'ilz me mainent en Chastellet.

Item, a Perrenet Marchant,
Qu'on dit le Bastart de la Barre,
Pour ce qu'il est tres bon marchant,
Luy laisse trois gluyons de fuerre
Pour estendre dessus la terre
A faire l'amoureux mestier,
Ou il luy fauldra sa vie querre,
Car il ne scet autre mestier.

Item, au Loup et a Cholet
Je laisse a la fois ung canart
Prins sur les murs, comme on souloit,
Envers les fossez, sur le tart,
Et a chascun ung grant tabart
De cordelier jusques aux piez,
Busche, charbon et poix au lart,
Et mes houseaulx sans avantpiez.

Item, dem Metzger Jean Trouvé
Laß ich den »Hammel« zart und edel,
Und für den »Kronenochs« – er steh
Zum Kaufe heißt's – den Fliegenwedel;
Die »Kuh« auch. Kann den Kerl man fangen,
Der sie sich auflädt aufs Genick,
Soll er, gibt er sie her nicht, hangen,
Gewürgt von einem guten Strick.

Item, dem Chevalier du Guet,
Für ihn, den »Helm« ich etablier,
Der Wache, die ich gehen seh
Mit Tastschritt lauernd durchs Revier,
Zu prächtigen Händeln ich dedizier:
Am »Milchstein« die »Latern«, allein,
Es bleiben die »Drei Lilien« mir,
Steckt man mich mal ins Kittchen ein.

Item, Herrn Perrenet Marchant
– Der Bastard de la Barre geheißen –,
Weil er als Händler gut bekannt,
Will ich drei Bündel Heu zuweisen.
Als Bodenstreu kann es ihm dienen,
Daß er sich freu der Liebe Lust,
Sonst müßt sein Leben er verdienen,
Da andre Kunst er nie gewußt.

Item, dem Loup, dem Cholet auch
Laß eine Ente ich für beid;
Am Mauergraben, wie es Brauch,
Fing ich sie ein zur Dämmerzeit;
Dazu ein Franziskanerkleid,
Bis auf die Zeh'n; Holz, Kohlen noch,
Auch Speck mit Erbsen zubereit't,
Gamaschen, vorn mit einem Loch.

De rechief, je laisse, en pitié,
A trois petis enfans tous nus
Nommez en ce present traictié,
Povres orphelins impourveus,
Tous deschaussiez, tous desvestus
Et desnuez comme le ver;
J'ordonne qu'ilz soient pourveus,
Au moins pour passer cest yver:

Premierement, Colin Laurens,
Girart Gossouyn et Jehan Marceau,
Despourveus de biens, de parens,
Qui n'ont vaillant l'ance d'ung seau,
Chascun de mes biens ung fesseau,
Ou quatre blans, s'ilz l'ayment mieulx.
Ilz mengeront maint bon morceau,
Les enfans, quant je seray vieulx!

Item, ma nominacion,
Que j'ay de l'Université,
Laisse par resignacion
Pour seclurre d'aversité
Povres clers de ceste cité
Soubz cest *intendit* contenus;
Charité m'y a incité,
Et Nature, les voiant nus:

C'est maistre Guillaume Cotin
Et maistre Thibault de Victry,
Deux povres clers, parlans latin,
Paisibles enfans, sans estry,
Humbles, bien chantans au lectry;
Je leur laisse cens recevoir
Sur la maison Guillot Gueuldry,
En attendant de mieulx avoir.

Sodann sei meines Mitleids Pfand
Drei nackten Kindlein dargebracht,
In gegenwärt'ger Schrift genannt.
Sind arme Waisen, unbedacht,
Ganz ohne Schuhe, ohne Tracht.
Und ganz entblößt, als wie der Wurm;
Ich will, daß ihrer sei gedacht,
Wärs nur für diesen Wintersturm.

Zunächst Colin Laurens, Girart
Gossouyn und Jean Marceau sodann;
Da keiner, arm, der Eltern bar,
Je einen Henkeltopf gewann,
Soll jeder von dem Meinen han,
Ein Büschel, oder, macht's ihr Glück,
Vier Mark, die Kinder essen dann,
Wenn alt ich bin, manch gutes Stück.

Item, den Grad, den mir zusprach
Die Universität, ihn laß
Ich hiermit, frei verzichtend, nach,
Damit sie alle Not verlaß,
Den armen Schülern dieser Stadt,
Mit dieser einzigen Absicht nur:
Weil ich sie nackend sah, so hat
Gereizt mich Mitleid und Natur.

Guillaume Cotin stellt jetzt sich ein
Und Meister Thibaud de Vitry,
Zwei Schüler, sprechen gut Latein,
Arm, einfach, friedlich, streiten nie,
Am Chorpult trefflich singen sie.
Ich tret den Mietzins ihnen ab
Vom Hause des Guillot Gueuldry,
In Hoffnung, daß einst mehr ich hab.

Item, et j'adjoings a la crosse
Celle de la rue Saint Anthoine,
Ou ung billart de quoy on crosse,
Et tous les jours plain pot de Saine;
Aux pijons qui sont en l'essoine,
Enserrez soubz trappe volliere,
Mon mirouër bel et ydoine
Et la grace de la geolliere.

Item, je laisse aux hospitaux
Mes chassiz tissus d'arigniee,
Et aux gisans soubz les estaux,
Chascun sur l'œil une grongniee,
Trembler a chiere renfrongniee,
Megres, velus et morfondus,
Chausses courtes, robe rongniee,
Gelez, murdris et enfondus.

Item, je laisse a mon barbier
Les rongsures de mes cheveulx,
Plainement et sans destourbier;
Au savetier mes souliers vieulx,
Et au freppier mes habitz tieulx
Que, quant du tout je les delaisse,
Pour moins qu'ilz ne cousterent neufz
Charitablement je leur laisse.

Item, je laisse aux Mendians,
Aux Filles Dieu et aux Beguines,
Savoureux morceaulx et frians,
Flaons, chappons et grasses gelines,
Et puis preschier les Quinze Signes,
Et abatre pain a deux mains.
Carmes chevauchent noz voisines,
Mais cela, ce n'est que du mains.

Item, hinzu will ich noch tragen
Dem »Krummstab« aus Sankt Antons-Gasse,
'nen Krummstab, um die Bäll zu schlagen,
Und täglich, topfvoll, Seine-Wasser;
Den Täubchen, die zum Unglück liegen
Verschlossen in der Vogelfalle,
Mein Spiegelchen, schön und gediegen,
Und Huld der Wärterin für alle.

Item, den Spitteln geb ich nun
Mein Bettgestell voll Spinnwebfetzen;
Sollt unter den Gestell'n wer ruhn,
Dem soll man eins aufs Aug versetzen,
Das ihn läßt zittern vor Entsetzen,
Dürr, wie er ist, verfroren, rauh,
Die Hosen kurz, der Rock in Fetzen,
Zerbläut, durchnäßt, vor Kälte blau.

Item, ich schenke mein'm Barbier
All, was er schnitt von meinem Haar,
Ohn daß ich viel darum verlier;
Dem Schuster alter Schuh ein Paar,
Dem Trödler alle mein Gewand,
Die, wie ich sie zuletzt verwende,
Für weniger, als ich sie erstand,
Ich ihnen milden Herzens spende.

Ich will der Bettelbrüderschaft,
Den Klosterfrauen und Beguinen
Mit leckren Bissen voller Saft
Kapaunen, Fladen, Hennen dienen.
Dann predigen sie die Fünfzehn Zeichen,
Ziehn Brot mit beiden Händen ein.
Wenn Karmeliter geil umstreichen
Die Nachbarin, kann's gleich mir sein.

Item, laisse *le Mortier d'Or*
A Jehan, l'espicier, de la Garde,
Une potence de Saint Mor,
Pour faire ung broyer a moustarde.
A celluy qui fist l'avant garde
Pour faire sur moy griefz exploiz,
De par moy saint Anthoine l'arde!
Je ne luy feray autre laiz.

Item, je laisse a Merebeuf
Et a Nicolas de Louvieux,
A chascun l'escaille d'ung œuf,
Plaine de frans et d'escus vieulx.
Quant au concierge de Gouvieulx,
Pierre de Rousseville, ordonne,
Pour le donner entendre mieulx,
Escus telz que le Prince donne.

Finablement, en escripvant,
Ce soir, seulet, estant en bonne,
Dictant ce laiz et descripvant,
J'oïs la cloche de Serbonne,
Qui tousjours a neuf heures sonne
Le Salut que l'Ange predit;
Si suspendis et y mis bonne
Pour prier comme le cuer dit.

Ce faisant, je m'entroublié,
Non pas par force de vin boire,
Mon esperit comme lié;
Lors je sentis dame Memoire
Reprendre et mettre en son aumoire
Ses especes collateralles,
Oppinative faulce et voire,
Et autres intellectualles,

Den »Goldnen Mörser« auserkor
Jean de la Garde ich, dem Krämer,
Und eine Krücke aus Saint-Maur,
Als Mostrichstampfer gut sie nähm er.
Der, der als erster von der Bande
Lief, anzutun mir böse Tat,
Mög sterben in Sankt Antons Brande!
Ihm sei kein anderes Legat.

Item, Herrn Merebeuf ich zahle,
Und Nic Louvieux als gleichen Zoll,
Jedwedem eine Eierschale,
Von altem Geld und Franken voll.
Ich will den Pförtner von Gouvieux,
Pierre de Rousseville, bedenken,
Damit sich sein Verstand erhöh,
Mit Talern, wie sie Fürsten schenken.

Zum Schluß, wie also ich verblieb
Heut Abend, einsam, voller Wonne
Und die Vermächtnisse hinschrieb,
Hört ich die Glocke der Sorbonne,
Die stets uns singt zur neunten Stunde
Den Engelsgruß im Nachtgeläut.
Drum brach ich ab in dieser Runde,
Zu beten, wie das Herz es beut.

Bei diesem Tun ward ich verwirrt
Nicht, daß von Weines Kraft es käme,
Mein Geist, ich fühl's, gefesselt wird,
Wie wenn mir Frau Memoria nähme,
In ihrem Schrank sie zu bewahren,
Die species collaterales,
Den Wahn, den falschen und den wahren,
Und andre intellectuales.

Et mesmement l'estimative,
Par quoy prospective nous vient,
Similative, formative,
Desquelles souvent il advient
Que, par leur trouble, homme devient
Fol et lunatique par mois:
Je l'ay leu, se bien m'en souvient,
En Aristote aucunes fois.

Dont le sensitif s'esveilla
Et esvertua Fantasie,
Qui tous organes resveilla,
Et tint la souvraine partie
En suspens et comme amortie
Par oppression d'oubliance
Qui en moy s'estoit espartie
Pour monstrer des sens l'aliance.

Puis que mon sens fut a repos
Et l'entendement demeslé,
Je cuidé finer mon propos;
Mais mon ancre trouvé gelé
Et mon cierge trouvé soufflé;
De feu je n'eusse peu finer;
Si m'endormis, tout enmouflé;
Et ne peus autrement finer.

Fait au temps de ladite date
Par le bien renommé Villon,
Qui ne menjue figure ne date
Sec et noir comme escouvillon,
Il n'a tente ne pavillon
Qu'il n'ait laissié a ses amis,
Et n'a mais qu'ung peu de billon
Qui sera tantost a fin mis.

Sogar auch die Estimative,
Die uns die Prospective gibt,
Similative, Formative,
Durch deren Aufruhr sich ergibt,
Daß grillenhaft und ganz verdreht
Der Mensch wird so mit einem Mal.
Mich dünkt, ich las das, wie es steht,
Bei Aristoteles manchmal.

Drum wachte auf das Sensitiv
Und trieb die Phantasie zur Eile,
Die alle Kräfte weckend rief
Und schwebend hielt die obren Teile,
Als ob sie ganz erstorben wären
Durch der Vergessenheit Bedrängen,
Die mir erwuchs, um zu erklären,
Daß die Sinne zusammenhängen.

Da so mein Sinn in Ruhe war
Und nicht verwirrt mehr mein Verstand,
Dacht ich, nun wird mein Werk bald gar;
Doch eishart ich mein Tinten fand
Und meine Kerze ausgebrannt,
Auch Feuer konnt ich machen nicht;
So schlief ich ein, verpackt die Hand,
Drum schließt, nicht anders, mein Gedicht.

Der Schreiber dieses ist gewesen
Villon, der hohen Ruhm genießt,
Der schwarz und dürr ist, wie ein Besen,
Und Feige nicht noch Dattel ißt.
Kein Zelt ihm, keine Fahne ist,
Die seinen Freunden er nicht ließ,
Hat wenig Geld zu dieser Frist,
Gar bald zu Ende geht auch dies.

Cy comence le grant codicille et te
stamēt maistre francois Villon

Le Testament

Das Testament

En l'an de mon trentiesme aage,
Que toutes mes hontes j'eus beues,
Ne du tout fol, ne du tout sage,
Non obstant maintes peines eues,
Lesquelles j'ay toutes receues
Soubz la main Thibault d'Aussigny...
S'evesque il est, seignant les rues,
Qu'il soit le mien je le regny.

Mon seigneur n'est ne mon evesque,
Soubz luy ne tiens, s'il n'est en friche;
Foy ne luy doy n'hommage avecque,
Je ne suis son serf ne sa biche.
Peu m'a d'une petite miche
Et de froide eaue tout ung esté;
Large ou estroit, moult me fut chiche:
Tel luy soit Dieu qu'il m'a esté!

Et s'aucun me vouloit reprendre
Et dire que je le mauldis,
Non fais, se bien le scet comprendre;
En riens de luy je ne mesdis.
Vecy tout le mal que j'en dis:
S'il m'a esté misericors,
Jhesus, le roy de Paradis,
Tel luy soit a l'ame et au corps!

Et s'esté m'a dur et cruel
Trop plus que cy ne le raconte,
Je vueil que le Dieu eternel
Luy soit donc semblable a ce compte...
Et l'Eglise nous dit et compte
Que prions pour noz ennemis!
Je vous diray: »J'ay tort et honte,
Quoi qu'il m'ait fait, a Dieu remis!«

Leueſque

Monſeigneur neſt ne mon eueſque
Soubz luy ne tiens ſil neſt en friche
Foy ne luy doy hõmage auecque
Je ne ſuis ſon cerf ne ſa biſche
Peu ma dugne petite miche
Et de froide eau tout vng eſte
Large ou eſtroit moult me fut chiche
Tel luy ſoit dieu quil ma eſte

a ii.

Jahr dreißig ging des Lebens Reise;
Getrunken hab ich alle Schanden,
Nicht närrisch ganz und noch nicht weise,
Trotz allem, was ich ausgestanden
An Leiden mancherlei, von Handen
Des Bischofs Thibaut d'Aussigny ...
Geht er auch segnend in den Landen,
Für meinen halte ich ihn nie!

Als Herrn und Bischof nicht ihn dulde,
Er gab als Lehn mir keine Rute;
Nicht Treu noch Ehre ich ihm schulde,
Bin nicht sein Mann, nicht seine Stute.
Gab mir an Brot nur winzge Brocken,
Kalt Wasser ganze Sommerzeit.
Karg oder larg, mich hielt er trocken;
Was mir er tat, Gott ihm bereit!

Wollt jemand drum mich scheel ansehen,
Der meint, ich wünsch ihm Höllenschmach,
Nicht tu ich's, will man's recht verstehen,
Nie sagte ich ihm Böses nach.
Seht, dieses nur ich von ihm sprach:
Was er Barmherziges mir getan,
Jesus, Herr im Himmelsgemach,
Tu es an Leib und Seel ihm an!

Schuf er mir grausam hartes Leid,
Viel mehr, als hier ich kann erzählen,
Will ich, daß Gott in Ewigkeit
In gleicher Weise ihn mög quälen.
Die Kirche sagt, in solchem Falle
Soll beten für den Feind man bloß,
Ich sag: ich trug die Schanden alle,
Die er mir tat, in Gottes Schoß.

Si prieray pour luy de bon cuer,
Et pour l'ame de feu Cotart.
Mais quoy? ce sera donc par cuer,
Car de lire je suis fetart.
Priere en feray de Picart;
S'il ne la scet, voise l'aprendre,
S'il m'en croit, ains qu'il soit plus tart,
A Douai ou a l'Isle en Flandre!

Combien, se oyr veult qu'on prie
Pour luy, foy que doy mon baptesme!
Obstant qu'a chascun ne le crye,
Il ne fauldra pas a son esme.
Ou Psaultier prens, quant suis a mesme,
Qui n'est de beuf ne cordouen,
Le verselet escript septiesme
Du psëaulme *Deus laudem*.

Si prie au benoist fils de Dieu,
Qu'a tous mes besoings je reclame,
Que ma povre priere ait lieu
Vers luy, de qui tiens corps et ame,
Qui m'a preservé de maint blasme
Et franchy de ville puissance.
Loué soit il, et Nostre Dame,
Et Loys, le bon roy de France!

Auquel doint Dieu l'eur de Jacob
Et de Salmon l'onneur et gloire,
(Quant de proesse, il en a trop,
De force aussi, par m'ame! voire),
En ce monde cy transsitoire,
Tant qu'il a de long et de lé,
Affin que de luy soit memoire,
Vivre autant que Mathusalé!

Will herzlich für ihn beten nun,
Und für den selgen Freund Cotard!
Doch wie? Auswendig werd ich's tun:
Denn Lesen lieb ich nicht, fürwahr.
Pikardisch zwar sei mein Gebet,
Versteht er's nicht, lern er's von andern,
Bei meiner Treu, eh es zu spät,
In Douai, Lille oder Flandern.

Will hör'n er, wie ich für ihn bete,
Bei meiner gläubigen Christenseelen!
Mach ich auch draus kein laut Gerede,
Wird es sein Ziel doch nicht verfehlen.
Im Psalter, sollt er mir nicht fehlen,
– Es ist kein spanscher Lederband –
Will ich das siebte Verslein wählen,
Als »Deus laudem«-Psalm bekannt.

Ich bet zum heiligen Gottessohn,
Dem all mein Notdurft ich befehle,
Daß meinem Flehn er schenke Lohn,
Er, dem ich danke Leib und Seele,
Der mich bewahrt vor manchem Grauen,
Befreit mich hat aus bösen Banden.
Gelobt sei Er und Unsre Frauen
Und Ludwig, Herr in Frankreichs Landen,

Dem Gott das Glück des Jakob schenk
Und Salomonis Ruhm und Ehre;
– Denn Mut hat er genug, ich denk,
Auch Kraft, mein Seel! tat er ihm mehren –.
Auf dieser wandelbaren Erde,
So lang und breit auch ihr Bereich,
Sei er, der nie vergessen werde,
Methusalem an Alter gleich.

Et douze beaux enfans, tous masles,
Voire de son chier sang royal,
Aussi preux que fut le grant Charles,
Conceus en ventre nupcial,
Bons comme fut sainct Marcial!
Ainsi en preigne au feu Dauphin!
Je ne luy souhaitte autre mal,
Et puis Paradis en la fin.

Pour ce que foible je me sens
Trop plus de biens que de santé,
Tant que je suis en mon plain sens,
Si peu que Dieu m'en a presté,
Car d'autre ne l'ay emprunté,
J'ay ce testament tres estable
Faict, de derniere voulenté,
Seul pour tout et irrevocable.

Escript l'ay l'an soixante et ung,
Que le bon roy me delivra
De la dure prison de Mehun,
Et que vie me recouvra,
Dont suis, tant que mon cuer vivra,
Tenu vers luy m'humilier,
Ce que feray tant qu'il mourra:
Bienfait ne se doit oublier.

Or est vray qu'après plainz et pleurs
Et angoisseux gemissemens,
Après tristesses et douleurs,
Labeurs et griefz cheminemens,
Travail mes lubres sentemens,
Esguisez comme une pelote.
M'ouvrit plus que tous les Commens
D'Averroys sur Aristote.

Zwölf Söhne, aus der Gattin Schoße,
Gezeugt von seinem Königsblut,
So heldisch, wie einst Karl der Große,
Solln ihm erstehen schön und gut,
Wie einst der Heilige Martial,
Gleich dem Dauphin, wie einst er hieß.
Wünsch ihm auch nicht die kleinste Qual,
Und dann, am End, das Paradies.

Da ich als schwach mich hab erkannt,
Mehr noch an Geld als Wohlergehen,
Solang ich ganz bin bei Verstand
(Nur wenig gab mir Gott als Lehen,
Denn keinen tat ich drum angehen),
Hab ich dies Testament bereitet,
Als letzter Wille soll es stehen,
Und daß mir keiner es bestreitet.

Ich schrieb es Einundsechzig auf,
Als mich zu Meung aus harter Haft,
Daß neu begänn des Lebens Lauf,
Der gute König frei geschafft.
Drum, weil mir bleibt des Leibes Kraft,
Bin ich in Demut immer sein;
Will's tun, bis Tod ihn hingerafft:
Wohltat darf nicht vergessen sein.

Wahr ist's, nach Klagen tränenschwer
Und Seufzern, voll von Traurigkeit,
Nach Angst und Schmerzen allzusehr,
Mühsal und Kummer weit und breit,
Hat mir das Leid den trüben Sinn
Ganz klar gemacht und mehr entwirrt
Als es Averroes bracht hin,
Der Aristot'les kommentiert.

Combien qu'au plus fort de mes maulx,
En cheminant sans croix ne pille,
Dieu, qui les pelerins d'Esmaus
Conforta, ce dit l'Evangille,
Me monstra une bonne ville
Et pourveut du don d'esperance;
Combien que le pecheur soit ville,
Riens ne hayt que perseverance.

Je suis pecheur, je le sçay bien;
Pourtant ne veult pas Dieu ma mort,
Mais convertisse et vive en bien,
Et tout autre que pechié mort.
Combien qu'en pechié soye mort,
Dieu vit, et sa misericorde,
Se conscience me remort,
Par sa grace pardon m'accorde.

Et, comme le noble Rommant
De la Rose dit et confesse
En son premier commencement
Qu'on doit jeune cuer en jeunesse,
Quant on le voit viel en viellesse,
Excuser, helas! il dit voir;
Ceulx donc qui me font telle presse
En meurté ne me vouldroient veoir.

Se, pour ma mort, le bien publique
D'aucune chose vaulsist mieulx,
A mourir comme ung homme inique
Je me jujasse, ainsi m'aist Dieux!
Griefz ne faiz a jeunes n'a vieulx,
Soie sur piez ou soie en biere:
Les mons ne bougent de leurs lieux,
Pour ung povre, n'avant n'arriere.

Obwohl ich ging in ärgster Not
Und mir kein Deut mehr war geblieben,
Hat Gott, der Trost den Pilgern bot
In Emmaus – so steht's geschrieben –
Zu guter Stadt mich hingetrieben
Und ließ mich neue Hoffnung fassen;
Sei auch der Sünder ganz durchtrieben,
Nur der Verstocktheit gilt sein Hassen.

Ich bin ein Sünder, weiß es wohl;
Doch Gott verlangt nicht meinen Tod,
Nur daß, bekehrt, ich gut sein soll,
Wie jeder, der in Sündennot.
Ja, blieb ich auch in Sünden tot,
Gott lebt, sein gütiges Gedenken,
Folg ich nur selbst der Reu Gebot,
Wird gnädig mir Verzeihen schenken.

Und wie der adlige Roman
Der Rose ausspricht und bekennet,
Da wo sein Anfang sich hebt an:
»Ein Herz, das in der Jugend brennet,
Soll man, wenn 's alternd sich erkennet,
Entschuld'gen« – ach, wie spricht er wahr! –
Wer so mit Tadel mich berennet,
Möcht mich nicht reif sehn, offenbar.

Könnt ich der Menschen Heil begründen
Durch meinen Tod, wie's immer sei,
Ich würd mir selbst mein Urteil künden,
Wie einem Schuft, Gott steh mir bei!
Leid möcht ich keinem, jung noch alt,
Ob lebend oder tot, bereiten:
Der Berg rührt nicht vom Grund so bald
Für Arme sich, nach keinen Seiten.

Ou temps qu'Alixandre regna,
Ung homs nommé Diomedès
Devant luy on luy amena,
Engrillonné poulces et des
Comme ung larron, car il fut des
Escumeurs que voions courir;
Si fut mis devant ce cadès,
Pour estre jugié a mourir.

L'empereur si l'araisonna:
»Pourquoi es tu larron en mer?«
L'autre responce luy donna:
»Pourquoi larron me faiz nommer?
Pour ce qu'on me voit escumer.
En une petiote fuste?
Se comme toy me peusse armer,
Comme toy empereur je feusse.

»Mais que veux-tu? De ma fortune,
Contre qui ne puis bonnement,
Qui si faulcement me fortune,
Me vient tout ce gouvernement.
Excuse moy aucunement
Et saiche qu'en grant povreté,
Ce mot se dit communement,
Ne gist pas grande loyauté.«

Quant l'empereur ot remiré
De Diomedès tout le dit:
»Ta fortune je te mueray
Mauvaise en bonne«, si luy dit.
Si fist il. Onc puis ne mesdit
A personne, mais fut vray homme;
Valere pour vray le baudit,
Qui fut nommé le Grant a Romme.

Als Alexander hat regiert,
Ward einer, Diomed genannt,
Dem Herrscher einmal zugeführt.
Es war gefesselt ihm die Hand,
Wie einem Dieb; denn wohlbekannt
War er als Räuber auf dem Meer.
Zum Kadi wurde er gesandt,
Daß er sein Urteil ihm bescher.

Der Kaiser sprach ihn also an:
»Warum bist Du Seeräuber, sprich?«
Zur Antwort gab ihm drauf der Mann:
»Was läßt Du Räuber nennen mich?
Ist's darum, weil auf kleinem Kahn
Du mich siehst räubern auf dem Meere?
Legt' ich wie Du mir Waffen an,
Wie Du ein Kaiser ich wohl wäre.

Was willst Du? Aus meinem Geschicke,
Dem ich nicht widerstehen kann,
Da es mich plagt mit falscher Tücke,
Ich dieses Handwerk mir gewann.
Nimm als Entschuldigung es an
Und wisse, in der Armut Kleid
– Dies Wort verkündet jedermann –,
Liegt niemals große Biederkeit.«

Der Kaiser überdachte still
Des Diomedes Spruch im Sinn.
Er sprach: »Dein Los ich ändern will
Vom Schlechten zu dem Bessren hin.«
Er tat's und nie mehr gab Verdruß
Der Mensch, der sich zum Guten wandte.
Für wahr gibt es Valerius,
Den man in Rom den Großen nannte.

Se Dieu m'eust donné rencontrer
Ung autre piteux Alixandre
Qui m'eust fait en bon eur entrer,
Et lors qui m'eust veu condescendre
A mal, estre ars et mis en cendre
Jugié me feusse de ma voix.
Necessité fait gens mesprendre
Et faim saillir le loup du bois.

Je plains le temps de ma jeunesse,
(Ouquel j'ay plus qu'autre gallé
Jusques a l'entree de viellesse),
Qui son partement m'a celé.
Il ne s'en est a pié allé
N'a cheval: helas! comment don?
Soudainement s'en est vollé
Et ne m'a laissié quelque don.

Allé s'en est, et je demeure,
Povre de sens et de savoir,
Triste, failly, plus noir que meure,
Qui n'ay ne cens, rente, n'avoir;
Des miens le mendre, je dis voir,
De me desavouer s'avance,
Oubliant naturel devoir
Par faulte d'ung peu de chevance.

Si ne crains avoir despendu
Par friander ne par leschier;
Par trop amer n'ay riens vendu
Qu'amis me puissent reprouchier,
Au moins qui leur couste moult chier.
Je le dy et ne croy mesdire;
De ce je me puis revenchier:
Qui n'a mesfait ne le doit dire.

Wenn Gott mich früher treffen ließ
So eines Alexanders Milde,
Der mir den Weg zum Glücke wies,
Wer dann hätt zu der Bösen Gilde
Mich sinken sehn, ich hätt erkoren
Mir selbst den Feuertod gar bald.
Aus Not wird böse Tat geboren,
Hungriger Wolf entspringt dem Wald.

Der Zeit der Jugend gilt mein Klagen,
Drin mehr als andre bunt ich's trieb,
Bis hin zu meines Alters Tagen,
Längst schon sie nicht mehr bei mir blieb.
Ganz heimlich ging's, zu Fuße nicht,
Auch nicht zu Pferd. Wie ging es, ach?
So plötzlich, wie der Vogel fliegt,
Und kein Geschenk ließ sie mir nach.

Sie ging dahin, und ich blieb stehen,
An Wissen arm und an Verstand,
Schwach, traurig, schwärzer als die Schlehen,
Geld hab ich nicht, Besitz noch Land.
Der Niedrigste (wahr sprech ich nur)
Von meinen Vettern mich verhehlt,
Die Pflicht vergessend der Natur,
Weil etwas Hab und Gut mir fehlt.

Ich fürchte nicht, daß ich vertan
Mein Geld für meine Leckerbissen,
Noch aus heftigem Liebeswahn,
Kein Freund dürft drob mir Tadel wissen,
Und tät er's doch, soll er mir's büßen.
Ich sags, glaub Lüge nicht zu wagen
Und brauch mich des nicht zu verdrießen;
Wer nichts verbrach, braucht's nicht zu sagen.

Bien est verté que j'ay amé
Et ameroie voulentiers;
Mais triste cuer, ventre affamé
Qui n'est rassasié au tiers
M'oste des amoureux sentiers.
Au fort, quelqu'ung s'en recompence,
Qui est ramply sur les chantiers!
Car la dance vient de la pance.

Hé! Dieu, se j'eusse estudié
Ou temps de ma jeunesse folle
Et a bonnes meurs dedié,
J'eusse maison et couche molle.
Mais quoi? je fuyoie l'escolle,
Comme fait le mauvais enfant.
En escripvant ceste parolle,
A peu que le cuer ne me fent.

Le dit du Saige trop luy feiz
Favorable (bien en puis mais!)
Qui dit: »Esjoys toy, mon filz,
En ton adolescence«; mais
Ailleurs sert bien d'ung autre mes,
Car »Jeunesse et adolescence«,
C'est son parler, ne moins ne mais,
»Ne sont qu'abus et ignorance«.

Mes jours s'en sont allez errant
Comme, dit Job, d'une touaille
Font les filetz, quant tisserant
En son poing tient ardente paille:
Lors, s'il y a nul bout qui saille,
Soudainement il le ravit.
Si ne crains plus que rien m'assaille,
Car a la mort tout s'assouvit.

Wahr ist, ich liebte manches Weib
Und bin noch längst nicht liebesmatt;
Doch traurig Herz und Hungerleib,
Der nur zum Drittel wurde satt,
Vertrieb mich von der Liebe Pfad.
Doch mancher Lust dort zu sich schanzte,
Der dicken Bauch auf Beinen hat;
Denn all der Tanz kommt aus dem Wanste.

Gott! Wenn in toller Jugend Zeit
Ich fleißig gearbeitet hätte,
Gelebt in Zucht und Ehrbarkeit,
Dann hätte ich Haus und warmes Bette.
Doch ach! Ich floh der Schule Pforte,
Wie die bösen Buben es halten . . .,
Wie ich so schreibe diese Worte,
Will fast sich das Herz mir spalten.

Ich nutzte, ach, nur zu bereit,
Den Spruch des Weisen, der da heißt:
»Freu dich, mein Sohn, der Jugendzeit!«
Doch ein Gericht gibt es, das speist
Mit bessrer Nahrung unsren Geist:
»Denn Kindheit und der Jugend Zeit
– Das ist die Wahrheit, die es weiß –
Ist Mißbrauch und Unwissenheit.«

Mein Leben mir so schnell entschwand
Wie – Hiob sagt's – die Fäden fliegen,
Die zu des Strohes heißem Brand
Der Weber läßt am Tuch versiegen.
Dann, wenn sie überm Saume liegen,
Greift er mit raschem Griffe zu.
Kein Ansturm kann mich mehr bekriegen;
Denn alles hat im Tode Ruh.

Ou sont les gracieux gallans
Que je suivoye ou temps jadis,
Si bien chantans, si bien parlans,
Si plaisans en faiz et en dis?
Les aucuns sont morts et roidis,
D'eulx n'est il plus riens maintenant:
Repos aient en paradis,
Et Dieu saulve le remenant!

Et les autres sont devenus,
Dieu mercy! grans seigneurs et maistres;
Les autres mendient tous nus
Et pain ne voient qu'aux fenestres;
Les autres sont entrez en cloistres
De Celestins et de Chartreux,
Botez, housez, com pescheurs d'oistres.
Voyez l'estat divers d'entre eux.

Aux grans maistres Dieu doint bien faire,
Vivans en paix et en requoy;
En eulx il n'y a que refaire,
Si s'en fait bon taire tout quoy.
Mais aux povres qui n'ont de quoy,
Comme moy, Dieu doint patience!
Aux autres ne fault qui ne quoy,
Car assez ont pain et pitance.

Bons vins ont, souvent embrochiez,
Saulces, brouetz et gros poissons,
Tartes, flans, oefz fritz et pochiez,
Perdus et en toutes façons.
Pas ne ressemblent les maçons,
Que servir fault a si grant peine:
Ilz ne veulent nuls eschançons,
De soy verser chascun se peine.

Wo sind die holden Gesellen mein,
Die ich liebte in alter Zeit,
So schön ihr Sang, ihr Scherz so fein,
Zu Wort und Tat stets froh bereit?
Mancher liegt starr und totenbleich,
Von ihnen blieb heute kein Rest;
Sie mögen ruhn im Himmelreich,
Und Gott richt alles aufs best.

Die einen wurden, so wollt es Gott,
Gar große Meister und Herren,
Die andern, Bettler um ihr Brot,
Ganz nackend vor den Fenstern plärren.
Die andern sitzen an Klostertischen,
Karthäuser und Cölestiner,
Gestiefelt, wie zum Austernfischen.
Seht, der ward Herr und der ein Diener.

Die Großen wahre Gott vor Sünden,
Sie leben friedlich und in Ruh,
Zu bessern kann man dort nichts finden,
Drob steht mir Schweigen besser zu.
Den Armen, denen nichts man bot,
Wie mir, mög Gott Geduld aufladen,
Die andern brauchen nichts; denn Brot
Verzehren sie genug in Gnaden.

Mit gutem Wein, vom Faß oft frisch,
Mit Saucen, Suppen, Torten, Fladen,
Mit Rührei, Omelett und mit Fisch
Ist, jeder Art, ihr Tisch beladen.
Sie sind nicht wie die Maurerleut,
Die man so mühsam muß bedienen,
Den Trunk kein Mundschenk ihnen beut,
Selbst füllt sich's Glas jeder von ihnen.

En cest incident me suis mis
Qui de riens ne sert a mon fait;
Je ne suis juge, ne commis
Pour pugnir n'absoudre mesfait:
De tous suis le plus imparfait,
Loué soit le doulx Jhesu Crist!
Que par moy leur soit satisfait!
Ce que j'ay escript est escript.

Laissons le moustier ou il est;
Parlons de chose plus plaisante:
Ceste matiere a tous ne plaist,
Ennuyeuse est et desplaisante.
Povreté, chagrine, dolente,
Tousjours, despiteuse et rebelle,
Dit quelque parolle cuisante;
S'elle n'ose, si la pense elle.

Povre je suis de ma jeunesse,
De povre et de petite extrace;
Mon pere n'eust oncq grant richesse,
Ne son ayeul, nommé Orace;
Povreté tous nous suit et trace.
Sur les tombeaulx de mes ancestres,
Les ames desquelz Dieu embrasse!
On n'y voit couronnes ne ceptres.

De povreté me garmentant,
Souventesfois me dit le cuer:
»Homme, ne te doulouse tant
Et ne demaine tel douleur,
Se tu n'as tant qu'eust Jaques Cuer:
Mieulx vault vivre soubz gros bureau
Povre, qu'avoir esté seigneur
Et pourrir soubz riche tombeau!«

Ich kam vom Wege ab fürwahr,
Was doch nicht hilft zu meinem Plan.
Bin Richter nicht, noch Aktuar,
Der strafen oder lösen kann.
Ich bin der Niedrigste von allen.
Lob sei Dir, süßer Jesus Christ!
Ich möchte ihnen nicht mißfallen.
Das, was ich schrieb, geschrieben ist.

Das Kloster bleibe, wo es ist,
Laßt sprechen mich von heitern Dingen.
Dies Thema manchen wohl verdrießt,
Mag Langweil nur und Ärger bringen.
Armut, von Gram und Schmerz befallen,
Stets trotzig rüttelnd an den Schranken,
Sagt Worte, die in Zornglut wallen;
Wenn sie's nicht wagt, dann in Gedanken.

Arm bin ich seit der Jugend Zeiten,
Von armer und geringer Rasse.
Mein Vater hatt' nicht Kostbarkeiten,
Auch nicht mein Ahn, genannt Orace.
Armut folgt uns auf unsrer Straße;
Am Grab, drin meine Väter wohnen,
– Ihr' Seelen Gottes Lieb umfasse! –
Sieht weder Szepter man noch Kronen.

Bedrückt mich meine Armut schwer,
Sagt viele Male mir das Herz:
»Mensch, quäle Dich nicht allzu sehr
Und müh Dich nicht mit solchem Schmerz.
Hast Du so viel nicht wie Jacques Coeur,
Ist's besser doch, in grober Kluft
Arm leben, denn als Grandseigneur
Verfaulen in der reichsten Gruft.«

Qu'avoir esté seigneur!... Que dis?
Seigneur, las! et ne l'est il mais?
Selon les davitiques dis
Son lieu ne congnoistras jamais.
Quant du surplus, je m'en desmetz:
Il n'appartient a moy, pecheur;
Aux theologiens le remetz,
Car c'est office de prescheur.

Si ne suis, bien le considere,
Filz d'ange portant dyademe
D'estoille ne d'autre sidere.
Mon pere est mort, Dieu en ait l'ame!
Quant est du corps, il gist soubz lame.
J'entens que ma mere mourra,
El le scet bien, la povre femme,
Et le filz pas ne demourra.

Je congnois que povres et riches,
Sages et folz, prestres et laiz,
Nobles, villains, larges et chiches,
Petiz et grans, et beaulx et laiz,
Dames a rebrassez colletz,
De quelconque condicion,
Portans atours et bourreletz,
Mort saisit sans excepcion.

Et meure Paris ou Helaine,
Quiconques meurt, meurt a douleur
Telle qu'il pert vent et alaine;
Son fiel se creve sur son cuer,
Puis sue, Dieu scet quelle sueur!
Et n'est qui de ses maux l'alege:
Car enfant n'a, frere ne seur,
Qui lors voulsist estre son plege.

Man war ein Herr! ... Was sag ich nur?
Ein Herr, weh! ist er's nun nicht mehr?
Du findest niemals seine Spur,
So heißt es ja nach Davids Lehr.
Der Rest, der macht mir's Herz nicht schwer,
Gebührt auch mir, dem Sünder, nicht;
Geb ihn den Theologen her,
Das ist des Predigers Amt und Pflicht.

Ich bin, das weiß ich zur Genüge,
Kein Engelssohn, der eine Krone
Von Sternen aus der Lichtwelt trüge.
Mein Vater, tot, – bei Gott er wohne! –
Im Grabe liegt mit seinem Leibe.
Die Mutter, weiß ich, stirbt mir bald,
– Bekannt ist es dem armen Weibe –
Und auch der Sohn, der wird nicht alt.

Ich weiß, daß arm' und reiche Leute,
Ritter, Bauern, Priester und Lai'n,
Verschwender, Knauser, Narrn, Gescheute,
Häßliche, Schöne, Groß und Klein,
Damen mit umgeschlagenem Kragen,
Ob hoch oder niedrig ihr Stand,
Die aufgebauschten Kopfputz tragen,
Tod greift alle mit seiner Hand.

Ob Paris stirbt und Helena auch,
Wer stirbt, der stirbt in solchem Schmerz,
Daß er verliert des Atems Hauch,
Die Galle bricht ihm übers Herz.
Dann schwitzt er, Gott, ach, welchen Schweiß,
Und keiner kann sein Leid vertreiben;
Nicht Kind, nicht Bruder, nicht Schwester weiß
Als Bürge dann bei ihm zu bleiben.

La mort le fait fremir, pallir,
Le nez courber, les vaines tendre,
Le col enfler, la chair mollir,
Joinctes et nerfs croistre et estendre.
Corps femenin, qui tant es tendre,
Poly, souef, si precieux,
Te fauldra il ces maux attendre?
Oy, ou tout vif aller es cieulx.

Der Tod läßt schauern ihn und bleichen,
Die Nase krümmen, Adern dehnen,
Schwellen den Hals, die Haut erweichen,
Die Nerven strecken und die Sehnen.
O Frauenleib, so weich wie Seide,
So glänzend köstlich und so weich,
Mußt Du verfallen solchem Leide?
Statt lebend gehn ins Himmelreich.

Ballade des Dames du temps jadis

Dictes moy ou, n'en quel pays,
Est Flora la belle Rommaine,
Archipiades, ne Thaïs,
Qui fut sa cousine germaine,
Echo parlant quant bruyt on maine
Dessus riviere ou sus estan,
Qui beaulté ot trop plus qu'humaine.
Mais ou sont les neiges d'antan?

Ou est la tres sage Helloïs,
Pour qui chastré fut et puis moyne
Pierre Esbaillart a Saint Denis?
Pour son amour ot ceste essoyne.
Semblablement, ou est la royne
Qui commanda que Buridan
Fust geté en ung sac en Saine?
Mais ou sont les neiges d'antan?

La royne Blanche comme lis
Qui chantoit a voix de seraine,
Berte au grant pié, Bietris, Alis,
Haremburgis qui tint le Maine,
Et Jehanne la bonne Lorraine
Qu'Englois brulerent a Rouan;
Ou sont ilz, ou, Vierge souvraine?
Mais ou sont les neiges d'antan?

Prince, n'enquerez de sepmaine
Ou elles sont, ne de cest an,
Qu'a ce reffrain ne vous remaine:
Mais ou sont les neiges d'antan?

Et fauldra il ces maulx attendre
Oy ou tout vif aler es cieulx.

Ballade.

Dictes moy ou n'en quel pars
Est Flora la belle Rommaine.
Archipiades ne Thays
Qui fut sa cousine germaine.
Echo parlant quant bruyt on maine
Dessus riviere ou sus estan
Qui beaulte ot trop plus qu'humaine
Mais ou sont les neiges d'anten.

Ou est la tres saige Esloys
Pour qui chastrés et puis moyne.
Pierres Esbaillart a Saint Denys
Pour son amour eust ceste essoyne
Semblablement ou est la royne
Qui commanda que Buridan
Fut gecte en ung sac en Saine
Mais ou sont les neiges d'anten

La royne blanche comme liz
Qui chantoit a voix de seraine
Berte au plat pie Bietrix Aliz
Haremburgis qui tint le Maine
Et Jehanne la bonne Lorraine
Que Engloys brulerent a Rouen
Ou sont ilz ou Vierge souveraine
Mais ou sont les neiges d'anten.

Prince n'enquerez de sepmaine
Ou elles sont ne de cest an
Que ce reffraing ne vous remaine
Mais ou sont les neiges dantan.

Ballade

Qui plus est, ou est li tiers calixte
Dernier decede de ce nom
Qui quatre ans tint le papaliste
Alphonce le roy daragon
Le gracieux duc de bourbon
Et artus le duc de bretaigne
Et charles septiesme le bon
Mais ou est le preux charlemaigne.

Semblablement le roy scotiste
Qui demy face ot ce dit on
Vermeille comme une amatiste
Depuis le front jusques au menton
Le roy de chippre de renom
Helas et le bon roy despaigne
Duquel je ne scay pas le nom
Mais ou est le preux charlemaigne

Dy plus parler je me desiste
Ce nest que toute abusion
Il nest qui contre mort resiste
Ne qui treuve provision
Encor faiz une question
Lancelot le roy de behaigne

Ballade von den Frauen vergangener Zeit

O sagt mir, wo, in welchem Land
Ich Flora, Romas Schönste, finde,
Archipiada, wohin verbannt,
Mit Thais, ihrem Schwesterkinde,
Echo, die widersprach, wenn Töne
Man über Fluß und Teich ließ ziehn,
Die mehr besaß als Menschenschöne?
Wo schmolz der Schnee des Winters hin?

Wo ist die weise Helois,
Um die entmannt und Mönch ward dann
Pierre Abélard in Saint-Denis,
Dem Liebe solches Leid gewann?
Wo, die befahl, daß Buridan
Im Sacke in der Seine man
Ertränkte, wo die Königin?
Wo schmolz der Schnee des Winters hin?

Die Königin Blanche, lilienweiß,
Die lieblich sang, wie die Sirene,
Berta Großfuß, Alis, Bietreis
Und Aremburg, Herrin von Maine,
Die gute Jeanne aus Lothringerland,
Von Briten in Rouen verbrannt,
Wo sind sie, Jungfrau-Königin?
Wo schmolz der Schnee des Winters hin?

Fürst, fraget nicht, wo sie geblieben
Seit Tag und Jahr; laßt Euern Sinn
Von diesem Kehrreim nicht betrüben:
Wo schmolz der Schnee des Winters hin?

Qui plus, ou est le tiers Calixte,
Dernier decedé de ce nom,
Qui quatre ans tint le papaliste?
Alphonce le roy d'Arragon,
Le gracieux duc de Bourbon,
Et Artus le duc de Bretaigne,
Et Charles septiesme le bon?
Mais ou est le preux Charlemaigne?

Semblablement, le roy Scotiste
Qui demy face ot, ce dit on,
Vermeille comme une amatiste
Depuis le front jusqu'au menton?
Le roy de Chippre de renon,
Helas! et le bon roy d'Espaigne
Duquel je ne sçay pas le nom?
Mais ou est le preux Charlemaigne?

D'en plus parler je me desiste;
Le monde n'est qu'abusion.
Il n'est qui contre mort resiste
Ne qui treuve provision.
Encor fais une question:
Lancelot le roy de Behaigne,
Ou est il? Ou est son tayon?
Mais ou est le preux Charlemaigne?

Ou est Claquin le bon Breton?
Ou le conte Daulphin d'Auvergne
Et le bon feu duc d'Alençon?
Mais ou est le preux Charlemaigne?

Ballade von den jüngst verstorbenen Herren

Wo ist Calixt des Dritten Schatte,
Der vier Jahr lang der Päpste Kron,
Des Namens letzter, innehatte?
Alfons, der König von Aragon,
Wo ist Bourbon, der Herzog wert,
Artus, der Herzog der Bretagne,
Der siebte Karl, als gut verehrt?
Wo ist der tapfre Charlemagne?

Wo kam der Schottenkönig hin,
Deß' Halbgesicht, wie man es liest,
War von der Stirn bis auf das Kinn
Hochrot als wie ein Ametyst?
Der Fürst, den Cypern nie vergißt,
Ach! Spaniens guter Königssprosse,
Deß' Namen mir entschwunden ist?
Wo ist der tapfre Karl der Große?

Von andern spreche ich nicht weiter;
Nur Täuschung ist ja diese Welt.
Dem Tod erwuchs kein Widerstreiter,
Und keiner hält vor ihm das Feld.
Noch eine Frage hält mich an;
Lancelot, der Fürst aus Böhmens Schoße,
Wo ist er selbst, wo ist sein Ahn?
Wo ist der tapfre Karl der Große?

Wo ist Claquin, der tapfre Breton?
Der Dauphin, wo, Graf der Auvergne?
Der selige Herzog von Alençon?
Wo ist der tapfre Charlemagne?

Ballade à ce propos en vieil language françois

Car, ou soit ly sains apostolles,
D'aubes vestus, d'amys coeffez,
Qui ne saint fors saintes estolles
Dont par le col prent ly mauffez
De mal talant tout eschauffez,
Aussi bien meurt que cilz servans,
De ceste vie cy bouffez:
Autant en emporte ly vens.

Voire, ou soit de Constantinobles
L'emperieres au poing dorez,
Ou de France ly roy tres nobles
Sur tous autres roys decorez,
Qui pour ly grans Dieux aourez
Bastist eglises et couvens,
S'en son temps il fut honnorez,
Autant en emporte ly vens.

Ou soit de Vienne et de Grenobles
Ly Dauphin, ly preux, ly senez,
Ou de Dijon, Salins et Doles,
Ly sires et ly filz ainsnez,
Ou autant de leurs gens privez,
Heraulx, trompetes, poursuivans,
Ont ilz bien bouté soubz le nez?
Autant en emporte ly vens.

Princes a mort sont destinez,
Et tous autres qui sont vivans;
S'ilz en sont courciez n'ataynez,
Autant en emporte ly vens.

Ballade in altem Französisch

Wo wird der Apostel gefunden,
Den mit dem Chorhemd angetan,
Die heilige Stola umgebunden,
Nicht würgend griff der Böse an,
Der, heiß von List, die Welt umgeht?
Er stirbt so gut wie das Gesind,
Aus diesem Leben fortgeweht.
Das alles trägt hinweg der Wind.

Konstantinopels Kaiser, saget,
Wo ist er, mit der goldnen Hand?
Wo Frankreichs König, der hoch raget
Ob allen Königen, Ruhm bekannt,
Der Kirchen, Klöster bauen ließ
Dem großen Gotte fromm gesinnt?
Ob man zu seiner Zeit ihn pries.
Das alles trägt hinweg der Wind.

Sei von Vienne er, von Grenoble
Der Dauphin klug und hochgesinnt,
Ob von Dijon, Salins und Dôle
Der Herr mit seinem ältesten Kind,
Herolde, Bläser, Rittersleut,
Sie alle, die ihm dienstbar sind.
Sich's Maul vollstopften voller Freud,
Das alles trägt hinweg der Wind.

Auch Fürsten sind dem Tod geweiht,
Wie alle, die ich lebend find;
Sind sie voll Zorn auch drum und Leid,
Das alles trägt hinweg der Wind.

Puis que papes, roys, filz de roys
Et conceus en ventres de roynes,
Sont ensevelis mors et frois,
En autruy mains passent leurs regnes,
Moy, povre mercerot de Renes,
Mourray je pas? Oy, se Dieu plaist;
Mais que j'aye fait mes estrenes,
Honneste mort ne me desplaist.

Ce monde n'est perpetuel,
Quoy que pense riche pillart:
Tous sommes soubz mortel coutel.
Ce confort prens, povre viellart,
Lequel d'estre plaisant raillart
Ot le bruit, lors que jeune estoit,
Qu'on tendroit a fol et paillart,
Se, viel, a railler se mettoit.

Or luy convient il mendier,
Car a ce force le contraint.
Regrete huy sa mort et hier,
Tristesse son cuer si estraint;
Se, souvent, n'estoit Dieu qu'il craint,
Il feroit ung orrible fait;
Et advient qu'en ce Dieu enfraint
Et que luy mesmes se desfait.

Car s'en jeunesse il fut plaisant,
Ores plus riens ne dit qui plaise:
Toujours viel cinge est desplaisant,
Moue ne fait qui ne desplaise;
S'il se taist, affin qu'il complaise,
Il est tenu pour fol recreu;
S'il parle, on luy dit qu'il se taise
Et qu'en son prunier n'a pas creu.

Die Päpste, Könige, Königskind,
In Königinnen Schoß erkoren,
Erstarrt, tot und begraben sind,
– Ihr Reich an andre ging verloren –
Ich, Krämerwicht, in Rennes geboren,
Sterb ich nicht auch? Ja, so Gott mag.
Wenn meine Waren Absatz fanden,
Würdiger Tod schafft mir nicht Plag.

Der Welt ist Dauer nicht zuteil,
Was auch drob denkt der reiche Dieb;
All stehn wir unterm Todesbeil.
Der Trost dem armen Greise blieb,
Der einst als lust'ger Spötter galt,
Solang er jung, doch den man hält
Für einen Narrn und Lump, wenn alt
In Spöttelein er sich gefällt.

Nun ziemt 's ihm, daß er betteln geht;
Denn dazu zwingt ihn harte Not;
Um Tod er heut und gestern fleht;
Trübsal das Herz ihm so bedroht,
Daß oft, wär Gott nicht, den er scheut,
Er sich zu böser Tat erfrechte,
Ja, daß geschieht, was Gott verbeut,
Und daß er selbst den Tod sich brächte.

Denn, wenn er, jung, gefällig war,
Nun spricht er keinem zu Gefallen,
Der Affe, alt, bleibt Beifalls bar:
Wie er auch mault, er wird mißfallen;
Wenn er mal schweigt, um zu gefallen,
Gilt er als noch viel größrer Tor,
Spricht er, heißts: »Schweig und laß Dein Lallen!«
Sein Pflaumenbaum brächt nichts hervor.

Aussi ces povres fameletes
Qui vielles sont et n'ont de quoy,
Quant ilz voient ces pucelletes
Emprunter elles, a requoy
Ilz demandent a Dieu pourquoy
Si tost naquirent, n'a quel droit.
Nostre Seigneur se taist tout quoy,
Car au tancer il le perdroit.

Les regrets de la belle Heaulmiere

Advis m'est que j'oy regreter
La belle qui fut hëaulmiere,
Soy jeune fille soushaitter
Et parler en telle maniere:
»Ha! vieillesse felonne et fiere,
Pourquoi m'as si tost abatue:
Qui me tient, qui, que ne me fiere,
Et qu'a ce coup je ne me tue?

»Tollu m'as la haulte franchise
Que beaulté m'avoit ordonné
Sur clers, marchans et gens d'Eglise:
Car lors il n'estoit homme né
Qui tout le sien ne m'eust donné,
Quoy qu'il en fust des repentailles,
Mais que luy eusse habandonné
Ce que reffusent truandailles.

Cõment Villon voit a son aduis la belle heaulmiere soy cõplaignant.

La vieille en regrettant le temps
de sa ieunesse.

VIII

So auch die armen dürren Fraun,
Die arm sind und nichts übrig han,
Wenn sie die Jungfräulein anschaun,
Sich heimlich bieten ihnen an.
Sie fragen Gott: warum so früh
Wär'n sie geborn, mit welchem Recht?
Doch unser Herr antwortet nie;
Denn bei dem Zank ergeht's ihm schlecht.

Das Klagelied der schönen Helmschmiedin

Mir ist, als hört ich das Klageschrein
Der Helmschmiedin, der einst so schönen,
Sie möcht ein junges Ding noch sein,
Sie jammert in folgenden Tönen:
»Ha! grausames Alter voll Tücke,
Was schufst Du mir früh solche Nöte?
Wer hindert mich, daß ich nicht zücke
Den Dolch und mich selber gleich töte?

Hast mir die hohe Macht genommen,
Die einstmals mir die Schönheit gab,
Daß Schreiber, Händler, Priester glommen
Für mich und jeder seine Hab,
Sein Alles gern an mich vergab,
Mocht ihn die Reue dann auch plagen,
Wenn ich ihm auch vergönnt nur hab,
Was heute Strolche mir versagen.

»A maint homme l'ay reffusé,
Qui n'estoit a moy grant sagesse,
Pour l'amour d'ung garson rusé,
Auquel j'en feiz grande largesse.
A qui que je feisse finesse,
Par m'ame, je l'amoye bien!
Or ne me faisoit que rudesse,
Et ne m'amoit que pour le mien.

»Si ne me sceut tant detrayner,
Fouler aux piez, que ne l'aymasse,
Et m'eust il fait les rains trayner,
S'il m'eust dit que je le baisasse,
Que tous mes maulx je n'oubliasse.
Le glouton, de mal entechié,
M'embrassoit... J'en suis bien plus grasse!
Que m'en reste il? Honte et pechié.

»Or est il mort, passé trente ans,
Et je remains vielle, chenue.
Quant je pense, lasse! au bon temps,
Quelle fus, quelle devenue!
Quant me regarde toute nue,
Et je me voy si tres changiee,
Povre, seiche, megre, menue,
Je suis presque toute enragiee.

»Qu'est devenu ce front poly,
Cheveulx blons, ces sourcils voultiz
Grant entroeil, ce regart joly,
Dont prenoie les plus soubtilz;
Ce beau nez droit grant ne petiz,
Ces petites joinctes oreilles,
Menton fourchu, cler vis traictiz,
Et ces belles levres vermeilles?

Ich hab versagt es manchem Mann
– Was törichte Weisheit mich lehrte –,
Weil einem Schelm ich zugetan,
Dem ich zu reiche Gunst gewährte,
Wenn ich mich zierte, mich verwehrte,
Bei meiner Seel! Ihn liebt ich gut,
Er galt mir's mit Roheit und Härte
Und liebte mich nur um mein Gut.

So sehr konnt er mich zerren nicht,
Daß ich ihn nicht liebte; mit Füßen
Mich treten, schlagen ins Gesicht,
Wenn er dann sprach, ich sollt ihn küssen,
All Leid hätt ich vergessen müssen.
Der Lüstling trug der Seuche Spur
Und küßte mich . . . Ich muß es büßen!
Was bleibt mir? Sünd und Schande nur.

Tot ist er, dreißig Jahr sind's her,
Und ich bleib alt und ohne Haar!
Denk ich der Zeit, wird's Herz mir schwer,
Wie jetzt ich bin, wie einst ich war,
Und wenn ich mich ganz nackt gewahr,
Und wie mein' Schönheit ging von hinnen,
Arm, winzig, dürr, der Fülle bar,
Werd ich fast toll in meinen Sinnen.

Was ward aus meiner glatten Stirn,
Dem blonden Haar, den runden Brauen,
Der großen Augen keckem Schwirrn,
Mit dem ich fing die noch so Schlauen,
Der schönen Nase, grad und fein,
Den Öhrchen, die so fest gehangen,
Dem Grübchenkinn, dem Antlitz rein,
Und dieser Purpurlippen Prangen?

»Ces gentes espaulles menues,
Ces bras longs et ces mains traictisses,
Petiz tetins, hanches charnues,
Eslevees, propres, faictisses
A tenir amoureuses lisses;
Ces larges rains, ce sadinet
Assis sur grosses fermes cuisses,
Dedens son petit jardinet?

»Le front ridé, les cheveux gris,
Les sourcilz cheus, les yeulx estains,
Qui faisoient regars et ris
Dont mains marchans furent attains;
Nez courbes de beaulté loingtains,
Oreilles pendantes, moussues,
Le vis pally, mort et destains,
Menton froncé, levres peaussues:

»C'est d'umaine beaulté l'issue!
Les bras cours et les mains contraites,
Les espaulles toutes bossues;
Mamelles, quoy? toutes retraites;
Telles les hanches que les tetes;
Du sadinet, fy! Quant des cuisses
Cuisses ne sont plus, mais cuissetes
Grivelees comme saulcisses.

»Ainsi le bon temps regretons
Entre nous, povres vielles sotes
Assises bas, a crouppetons,
Tout en ung tas comme pelotes,
A petit feu de chenevotes
Tost allumees, tost estaintes;
Et jadis fusmes si mignotes!...
Ainsi en prent a mains et maintes.«

Der zarten Schultern Lieblichkeit,
Den langen Armen, hübschen Händen,
Der kleinen Brust, den Hüften breit,
Hochragend, nett, den stets behenden,
Zu führen süßen Liebesstreit,
Den Lenden stark, dem Schoß, dem zarten
Auf seinen Schenkeln fest und weit,
Versteckt im kleinen hübschen Garten.

Die Stirn zerfurcht, das Haar ergraut,
Die Brauen weg, das Aug verglüht,
Das lachend einst umher geschaut,
Und manchen Kaufherrn angesprüht;
Die Nase krumm, der Schönheit bloß,
Die Ohren moosgrün niederwippen,
Das Antlitz bleich, tot, farbenlos,
Runzlig das Kinn, wulstig die Lippen.

Das ist der Menschen Schönheit Ende!
Die Schultern sind ein Buckelballen,
Die Arme kurz, gelähmt die Hände,
Die Brüste, Wärzchen, eingefallen,
Die Hüften auch, die einst so prallen.
Der Schoß, o pfui! Schenkelchen stehen
Statt Schenkeln da, den nicht mehr drallen,
Verschrumpft wie Würste anzusehen.

So trauern wir um die alte Zeit,
Wir armen, alten, dummen Weiber,
Beisammen hockend tief und breit,
Wie Knäuel gewickelt die Leiber,
Bei kleiner Glut von hanfnen Fädchen
Die bald erglommen und bald zerfielen;
Und waren einst so liebe Mädchen . . .
So geht es unser gar zu vielen.

Ballade et doctrine de la belle Heaulmiere aux filles de joye

»Or y pensez, belle Gantiere
Qui m'escoliere souliez estre,
Et vous, Blanche la Savetiere,
Or est il temps de vous congnoistre.
Prenez a destre et a senestre;
N'espargnez homme, je vous prie:
Car vielles n'ont ne cours ne estre,
Ne que monnoye qu'on descrie.

»Et vous, la gente Saulciciere
Qui de dancier estre adestre,
Guillemete la Tapiciere,
Ne mesprenez vers vostre maistre:
Tost vous fauldra clorre fenestre;
Quant deviendrez vielle, flestrie,
Plus ne servirez qu'ung viel prestre,
Ne que monnoye qu'on descrie.

»Jehanneton la Chapperonniere,
Gardez qu'amy ne vous empestre;
Et Katherine la Bourciere,
N'envoyez plus les hommes paistre:
Car qui belle n'est, ne perpetre
Leur male grace, mais leur rie.
Laide viellesse amour n'empestre,
Ne que monnoye qu'on descrie.

»Filles, vueillez vous entremettre
D'escouter pourquoy pleure et crie:
Pour ce que je ne me puis mettre,
Ne que monnoye qu'on descrie.«

Ballade und Lehre der schönen Helmschmiedin an die Freudenmädchen

Jetzt, Schöne von der Handschuhbranche,
Einst meine Schülerin zu nennen,
Und, du, vom Schuhgeschäfte, Blanche,
Jetzt ist es Zeit, Euch auszukennen.
Greift aus zur Rechten und zur Linken,
Schont keinen Mann, vernehmt mein Rufen!
Denn alte Fraun im Kurse sinken,
Wie Geld, deß' Wert man hat verrufen.

Du, holde Wurstverkäuferin,
Die gar so lieblich tanzen kann,
Wilhelmine, Teppichwirkerin,
Nehmt Eurer Meist'rin Rat doch an;
Bald müßt Ihr Euern Laden schließen,
Sitzt welk Ihr auf des Alters Stufen,
Nur alten Priestern noch beflissen,
Wie Geld, deß' Wert man hat verrufen.

Laß, Haubenmacherin Jeanette,
Dein Glück von Freunden nicht beschneiden,
Und die Du Beutel fertigst, Käte,
Schick Männer nicht mehr auf die Weiden;
Wer schön nicht ist, soll nicht verleiden
Sich ihre Gunst, sie freundlich rufen.
Lieb' mag nicht häßlich Alter leiden,
Wie Geld, deß' Wert man hat verrufen.

Ihr Dirnlein kommt und wollt Euch merken,
Warum erschallt mein weinend Rufen:
Weil ich nicht länger mehr kann werken,
Wie Geld, deß' Wert man hat verrufen.

Ceste leçon icy leur baille
La belle et bonne de jadis;
Bien dit ou mal, vaille que vaille,
Enregistrer j'ay faict ces dis
Par mon clerc Fremin l'estourdis,
Aussi rassis que je puis estre.
S'il me desment, je le mauldis:
Selon le clerc est deu le maistre.

Si aperçoy le grant dangier
Ouquel homme amoureux se boute...
Et qui me vouldroit laidangier
De ce mot, en disant: »Escoute!
Se d'amer t'estrange et reboute
Le barat de celles nommees,
Tu fais une bien folle doubte,
Car ce sont femmes diffamees.

»S'ilz n'ayment fors que pour l'argent,
On ne les ayme que pour l'eure;
Rondement ayment toute gent,
Et rient lors que bource pleure.
De celles cy n'est qui ne queure;
Mais en femmes d'onneur et nom
Franc homme, se Dieu me sequeure,
Se doit emploier; ailleurs, non.«

Je prens qu'aucun dye cecy,
Si ne me contente il en rien.
En effect il conclut ainsy,
Et je le cuide entendre bien,
Qu'on doit amer en lieu de bien:
Assavoir mon se ces filletes
Qu'en parolles toute jour tien
Ne furent ilz femmes honnestes?

Das war die Weisheit, die sie lehrte,
Die Schöne, Wackre alter Zeit;
Ob sie von gutem, schlechtem Werte,
Sie aufzuschreiben war bereit
Mein tolles Schreiberlein Firmin,
Würdig, wie ich sein kann, ist meist er,
Spricht er mir's ab, verfluch ich ihn:
So wie der Schüler, so der Meister.

Die große Fährnis seh ich recht,
In die sich die Verliebten wagen.
Und wer mich drob beschimpfen möcht
Und spräche: »Hör Du! Laß Dir sagen,
Willst Du der Liebe Dich entschlagen
Ob der Genannten listiger Lehre,
Wär's ein höchst närrisches Verzagen;
Denn das sind Weiber ohne Ehre.

Wenn sie uns lieben nur für Geld,
Wir Stunden nur uns mit ihnen einen;
Sie lieben rundum alle Welt
Und lachen, wenn die Beutel weinen.
Die läßt ein jeder schnell allein;
Doch Frauen, ehrenhaft und rein,
Die muß, soll Gott mir gnädig sein,
Der Edle lieben, andre, nein.«

Also spräch einer, nehm ich an,
Doch überzeugt er mich nur schlecht;
Und in der Tat, so schließt der Mann,
Versteh ich seine Meinung recht:
Man lieb in würdigem Revier!
Doch wahrlich, trugen diese Damen,
Die ich den ganzen Tag hofier,
Nicht früher ehrbar ihre Namen?

Honnestes si furent vraiement,
Sans avoir reproches ne blasmes.
Si est vray qu'au commencement
Une chascune de ces femmes
Lors prindrent, ains qu'eussent diffames,
L'une ung clerc, ung lay, l'autre ung moine.
Pour estaindre d'amours les flammes
Plus chauldes que feu saint Antoine.

Or firent selon le Decret
Leurs amys, et bien y appert;
Ilz amoient en lieu secret,
Car autre d'eulx n'y avoit part.
Toutesfois, ceste amour se part:
Car celle qui n'en amoit qu'un
De celuys s'eslongne et despart,
Et aime mieulx amer chascun.

Qui les meut a ce? J'ymagine,
Sans l'onneur des dames blasmer,
Que c'est nature femenine
Qui tout vivement veult amer.
Autre chose n'y sçay rimer,
Fors qu'on dit a Rains et a Troys,
Voire a l'Isle et a Saint Omer,
Que six ouvriers font plus que trois.

Or ont ces folz amans le bont
Et les dames prins la vollee;
C'est le droit loyer qu'amans ont:
Toute foy y est viollee,
Quelque doulx baisier n'acollee.
»De chiens, d'oyseaulx, d'armes, d'amours.«
Chascun le dit a la vollee,
»Pour ung plaisir mille doulours.«

Ehrbar wahrhaftig war ihr Sinn,
Nicht traf sie Schmach noch Tadelrede.
Und wahr ist's, daß zu Anbeginn
Von diesen Frauen eine jede,
Die einen Mönch -- wer wollt's verdammen? –
Die andre sich ein Weltkind fand,
Zu löschen ihrer Liebe Flammen,
Viel heißer als Sankt Antons Brand.

Man wählte sich nach dem Dekret
Die Freunde aus und liebte dann,
Das ist doch klar, sich ganz sekret;
Kein Dritter hatte Anteil dran.
Doch solche Lieb nicht dauern kann;
Denn die, die einen nur geliebt,
Verläßt ihn, geht auf andre Bahn,
Weil sie sich lieber jedem gibt.

Was treibt sie so? Ich, im Vertraun,
– Der Damen Ehr' bleibt unberührt –
Ich mein, das ist die Art der Fraun,
Die sie zu heftiger Liebe führt.
Was andres bringt mein Reim nicht her,
Nur daß man sagt in Reims und Aix,
Ja, auch in Lille und Saint-Omer:
Drei schaffen weniger als sechs.

Bald gehn die törichten Buhler fort,
Bald haun die Damen ab geschwind,
Das ist das Recht der Buhlen dort,
Wo Treu und Glauben eitel sind.
War mancher Kuß auch mit im Zuge.
»Bei Vögeln, Waffen, Liebe, Hunden,
– Ein jeder sagt's in leichtem Fluge –
Für eine Lust viel tausend Wunden.«

Double ballade sur le mesme propos

Pour ce, amez tant que vouldrez,
Suyvez assemblees et festes,
En la fin ja mieulx n'en vauldrez
Et si n'y romprez que vos testes;
Folles amours font le gens bestes:
Salmon en ydolatria,
Samson en perdit ses lunetes.
Bien est eureux qui riens n'y a!

Orpheüs, le doux menestrier,
Jouant de fleustes et musetes,
En fut en dangier d'un murtrier
Chien Cerberus a quatre testes;
Et Narcisus, le bel honnestes,
En ung parfont puis s'en noya
Pour l'amour de ses amouretes.
Bien est eureux qui riens n'y a!

Sardana, le preux chevalier,
Qui conquist le regne de Cretes,
En voulut devenir moullier
Et filler entre pucelletes;
David le roy, sage prophetes,
Crainte de Dieu en oublia,
Voyant laver cuisses bien faites.
Bien est eureux qui riens n'y a!

Amon en voult deshonnourer,
Faignant de menger tarteletes,
Sa seur Thamar et desflourer,
Qui fut inceste deshonnestes;

Doppelte Ballade über dasselbe Thema

Drum liebt nur, wie Ihr lieben wollt,
Geht zu den Feiern und den Festen,
Mehr Wert wird drum Euch nicht gezollt,
Schafft Ihr den Köpfen auch Gebresten.
Verrückte Liebe macht zu Toren,
Zum Götzendienst sie Salomon trieb,
Samson sein Brill'n hat drum verloren.
Glücklich, wer fern von ihr verblieb.

Orpheus, dem süßen Menestrel,
Der Dudelsack gespielt und Flöte,
Schuf Zerberus mit dem Hundefell,
Vierköpfig arge Todesnöte.
Narziß, der schöne edle Knabe,
Den Liebe zu den Liebchen trieb,
Ertrank im tiefen Brunnengrabe,
Glücklich, wer fern von ihr verblieb.

Sardanapal, der Ritter wert,
Der Kreta sich als Reich gewonnen,
Hat sich zu Weiberart verkehrt
Und mit den Jüngferchen gesponnen.
David, Prophet, weisheitsbeladen,
Die Gottesfurcht aus sich vertrieb,
Als schöne Schenkel er sah baden.
Glücklich, wer fern von ihr verblieb.

Aman wollt einst zerpflücken gar
– Zum Schein war lüstern er nach Kuchen –
Der Schwester Blume, jung Thamar,
Blutschänderisch war sein Versuchen.

Herodes, pas ne sont sornetes,
Saint Jehan Baptiste en decola
Pour dances, saulx et chansonnetes.
Bien est eureux qui riens n'y a!

De moy, povre, je vueil parler:
J'en fus batu comme a ru telles,
Tout nu, ja ne le quier celer.
Qui me feist maschier ces groselles,
Fors Katherine de Vausselles?
Noel le tiers est, qui fut la.
Mitaines a ces nopces telles.
Bien est eureux qui riens n'y a!

Mais que ce jeune bacheler
Laissast ces jeunes bacheletes?
Non! et le deust on vif brusler
Comme ung chevaucheur d'escouvetes.
Plus doulces luy sont que civetes;
Mais toutesfoys fol s'y fya:
Soient blanches, soient brunetes,
Bien es eureux qui riens n'y a!

Herodes – das sind keine Lügen –
Des Täufers Haupt vom Rumpfe hieb,
Um Lieder und um Tanzvergnügen.
Glücklich, wer fern von ihr verblieb.

Will sprechen, Armer, auch von mir;
Man schlug wie Linnen mich am Bach,
Ganz nackt, will's nicht verhehlen hier.
Zu diesem Elend, dieser Schmach
Wer half mir? Käthchen von Vaucelles.
Noel, als Dritter noch, mir hieb
Fäustlinge bei dem Fest-Geprelle.
Glücklich, wer fern von ihr verblieb.

Doch ob der junge Herr Student
Von jungen Liebchen wohl sich trennte?
Nein! Selbst wenn lebend man am End,
Wie'n Besenreiter, ihn verbrennte,
So süß ist ihm nicht Moschusware.
Doch ist ein Narr, wer traut der Lieb:
Ob blond, ob braun sind ihre Haare,
Glücklich, wer fern von ihr verblieb.

Se celle que jadis servoie
De si bon cuer et loyaument,
Dont tant de maulx et griefz j'avoie
Et souffroie tant de torment,
Se dit m'eust, au commencement,
Sa voulenté (mais nennil, las!)
J'eusse mis paine aucunement
De moy retraire de ses las.

Quoy que je luy voulsisse dire,
Elle estoit preste d'escouter
Sans m'acorder ne contredire;
Qui plus, me souffroit acouter
Joignant d'elle, pres m'accouter,
Et ainsi m'aloit amusant,
Et me souffroit tout raconter;
Mais ce n'estoit qu'en m'abusant.

Abusé m'a et fait entendre
Tousjours d'ung que ce fust ung aultre,
De farine que ce fust cendre,
D'ung mortier ung chappeau de faultre,
De viel machefer que fust peaultre,
D'ambesars que ce fussent ternes,
(Tousjours trompeur autruy enjaultre
Et rent vecies pour lanternes),

Du ciel une poille d'arain,
Des nues une peau de veau,
Du matin qu'estoit le serain,
D'ung trongnon de chou ung naveau,
D'orde cervoise vin nouveau,
D'une truie ung molin a vent
Et d'une hart ung escheveau,
D'ung gras abbé ung poursuyvant.

Hätt sie, der einst ich war ergeben,
In herzlicher Aufrichtigkeit
– Weshalb voll Kummer ward mein Leben
Und ich erlitt so manches Leid –,
Hätt sie mir in der Anfangszeit,
Was ihr im Sinne lag, gesagt,
Ich hätt mich mühelos befreit
Aus ihrem Netz und nicht geplagt.

Was ich auch immer mochte sprechen,
Zu lauschen mir war sie bereit,
Tat nicht bejahn, noch widersprechen,
Ja, litt mich auch an ihrer Seit,
Ließ schmiegen mich an ihren Leib,
So trieb sie Spaß mit mir genug,
Durft viel erzähln zum Zeitvertreib,
Doch alles war nur eitel Trug.

Sie täuschte mich und ließ mich meinen,
Daß stets ein Ding für'n andres ständ,
Mehl sollt als Asche mir erscheinen,
Als Filzhut gar ein Präsident,
Bleiasche wäre weißer Puder,
Paschdreier machte sie aus Assen,
– Stets täuscht ein Lump das andre Luder –
Laternen wären Seifenblasen.

Der Himmel wär n'e Eisenpfann,
Der Wolkendunst ein Kalbsfell war,
Am Morgen zög schon Nacht heran,
Ein Kohlstrunk eine Rübe war,
Statt eklen Biers flöß junger Wein,
Ein Schwein sie für 'ne Mühle nahm,
Der Strick, der sollt ein Zwirnknäul sein,
Ein fetter Abt ein Bräutigam.

Ainsi m'ont Amours abusé
Et pourmené de l'uys au pesle.
Je croy qu'homme n'est si rusé,
Fust fin comme argent de coepelle,
Qui n'y laissast linge, drappelle,
Mais qu'il fust ainsi manyé
Comme moy, qui partout m'appelle
L'amant remys et regnyé.

Je regnie Amours et despite
Et deffie a feu et a sang.
Mort par elles me precipite,
Et ne leur en chault pas d'ung blanc.
Ma vïelle ay mys soubz le banc;
Amans je ne suyvray jamais:
Se jadis je fus de leur ranc,
Je desclare que n'en suis mais.

Car j'ay mys le plumail au vent,
Or le suyve qui a attente.
De ce me tais doresnavant,
Car poursuivre vueil mon entente.
Et s'aucun m'interroge ou tente
Comment d'Amours j'ose mesdire,
Ceste parolle le contente:
»Qui meurt, a ses loix de tout dire.«

Je congnois approcher ma seuf;
Je crache, blanc comme coton,
Jacoppins gros comme ung esteuf.
Qu'esse a dire? que Jehanneton
Plus ne me tient pour valeton,
Mais pour ung viel usé roquart:
De viel porte voix et le ton,
Et ne suys qu'ung jeune coquart.

So ward die Liebe mir ein Wahn,
Hat mich geführt von Schloß zu Schwelle.
Ich glaub, so listig ist kein Mann,
Wär er wie Silber fein und helle,
Dem man nicht Rock, Hemd, Haut entreiße,
Er würd auch hin und her geprellt,
Wie ich, der überall ich heiße
»Der ausgeschmierte Liebesheld.«

Ich leugne und veracht das Lieben,
Ruf's auf zu blutig-heißem Strauß.
Es hat mich in den Tod getrieben,
Und keinen Deut machts denen aus.
Ich zieh' mich nun davon zurück,
Nie folg ich mehr der Buhlen Reih',
Gehört ich einst zu ihrem Glück,
Das schwör ich Euch, ist nun vorbei.

Dem Wind mein töricht Spiel ich bot,
Ihm folg, wen's treib zu solchen Dingen!
Davon zu schweigen tut jetzt not;
Denn andres Werk will ich vollbringen.
Und sollte jemand in mich dringen,
Wie Liebe ich zu schmähen wage,
Dem mög dies Wort Genüge bringen:
»Wer stirbt, ist frei, was er auch sage.«

Ich weiß, mein Durst befällt mich bald,
Ich spei was aus, wie Watte weiß,
Jaköbleins, wie zum Knäul geballt.
Ist's deshalb, weil nicht gern Jeanette
Mich mehr zu ihrem Knappen hätt'
Und mich als alten Gaul sieht an?
Ich sprech in Tönen wie ein Greis,
Und bin doch nur ein junger Hahn.

Dieu mercy et Tacque Thibault,
Qui tant d'eaue froide m'a fait boire,
Mis en bas lieu, non pas en hault,
Mengier d'angoisse mainte poire,
Enferré... Quant j'en ay memoire,
Je prie pour luy *et reliqua,*
Que Dieu luy doint, et voire, voire!
Ce que je pense... *et cetera.*

Toutesfois, je n'y pense mal
Pour luy, ne pour son lieutenant,
Aussi pour son official,
Qui est plaisant et advenant;
Que faire n'ay du remenant,
Mais du petit maistre Robert.
Je les ayme, tout d'ung tenant,
Ainsi que fait Dieu le Lombart.

Si me souvient bien, Dieu mercis,
Que je feis a mon partement
Certains laiz, l'an cinquante six,
Qu'aucuns, sans mon consentement,
Voulurent nommer Testament;
Leur plaisir fut et non le mien.
Mais quoy? on dit communement
Qu'ung chascun n'est maistre du sien.

Pour les revoquer ne le dis,
Et y courust toute ma terre;
De pitié ne suis refroidis
Envers le Bastart de la Barre:
Parmi ses trois gluyons de fuerre
Je luy donne mes vieilles nates;
Bonnes seront pour tenir serre
Et soy soustenir sur les pates.

Ich danke Gott und Tacque Thibaud,
Der viel kalt Wasser mich ließ saufen,
Nicht in der Höh, nein, tief im Stroh,
Mir Folterbirnen gab in Haufen,
Gekettet! . . . Wenn ich daran denke,
Bet ich für ihn et reliqua,
Daß Gott ihm – wahrlich, wahrlich – schenke
Das, was ich denk . . . Et cetera.

Doch bös zu denken liegt mir fern
Von ihm und seinem Herrn Adjunkt,
Wie auch vom Offizial, der gern
Mit seinen Späßen freundlich prunkt.
Was hab zu tun ich mit dem Rest,
Mit Robert selbst, dem kleinen Herrn?
Ich liebe alle sie aufs best,
Wie Gott hat den Lombarden gern.

Ich denk dran, daß, als ich verließ
Im sechsundfünfzger Jahr die Stadt,
Vermächtnisse ich hinterließ,
Die, ohne daß erlaubt ich's hatt',
Das Testament man hat genannt,
Als ob's ihr Sach, nicht meine wär.
Doch wie? Der Spruch ist allbekannt:
»Nicht jeder ist des Seinen Herr.«

Um sie zu leugnen sag ichs nicht,
Sollt auch mein Land ich nicht behalten.
Auf den Bastard La Barre ich richt
Mein Mitleid, das nicht soll erkalten.
Zu seinen drei Bund Stroh mein' alten
Fußmatten geb ich ihm; sie nützen
Vortrefflich ihm, sich warm zu halten
Und seine Patschen drauf zu stützen.

S'ainsi estoit qu'aucun n'eust pas
Receu les laiz que je luy mande,
J'ordonne qu'après mon trespas
A mes hoirs en face demande.
Mais qui sont ils? S'on le demande:
Moreau, Provins, Robin Turgis.
De moy, dictes que je leur mande,
Ont eu jusqu'au lit ou je gis.

Somme, plus ne diray qu'ung mot,
Car commencer vueil a tester:
Devant mon clerc Fremin qui m'ot,
S'il ne dort, je vueil protester
Que n'entens homme detester
En ceste presente ordonnance,
Et ne la vueil magnifester
Si non ou royaume de France.

Je sens mon cuer qui s'affoiblit
Et plus je ne puis papier.
Fremin, sié toy pres de mon lit,
Que l'on ne me viengne espier;
Prens ancre tost, plume et papier;
Ce que nomme escry vistement,
Puys fay le partout coppier;
Et vecy le commancement.

Ou nom de Dieu, Pere eternel,
Et du Filz que vierge parit,
Dieu au Pere coeternel,
Ensemble et le Saint Esperit,
Qui sauva ce qu'Adam perit
Et du pery pare les cieulx...
Qui bien ce croit, peu ne merit,
Gens mors estre faiz petiz dieux.

Wenn einer, dem ich es bestimmt,
Sein Erbteil nicht erhalten hätte,
Will ich, daß, wenn der Tod mich nimmt,
Er meine Erben darum bäte.
Wer aber sind sie? Sollt man's fragen:
Moreau, Provins, Robin Turgis.
Bis auf mein Bett, will's ihnen sagen,
Ich lieg' noch drin, sonst kriegten's sie.

Gut denn, kein Wort ich mehr verlier;
Denn jetzt beginnt das Protokoll
Vor Firmin, meinem Schreiber hier,
Der, schläft er nicht, mich hört: es soll
Kein Mensch des Erbs verlustig gehn
Nach diesem jetzigen Verfügen,
Doch soll's rechtskräftig nur bestehn
In Ländern, die in Frankreich liegen.

Ich fühls, mein Herz wird schwach und matt,
Kaum kann ich piepen noch, o weh!
Setz Dich an meine Lagerstatt,
Firmin, daß niemand mich erspäh!
Nimm Tinte, Feder und Papier,
Schreib, was ich sage, hurtig hin;
Darnach die ganze Schrift kopier.
Und hier ist also der Beginn.

Bei Gott, dem Vater ewiglich,
Dem Sohn auch, den die Magd gebar,
Gott, gleich dem Vater ewiglich,
Beim Heiligen Geist, der Retter war
Der bösen Adamskinder Schar,
Und's Paradies mit ihnen ziert.
Dem, der dran glaubt, gebührt fürwahr,
Daß nach dem Tod Gott gleich er wird.

Mors estoient, et corps et ames,
En dampnee perdicion,
Corps pourris et ames en flammes,
De quelconque condicion.
Toutesfois, fais excepcion
Des patriarches et prophetes;
Car, selon ma concepcion,
Oncques n'eurent grant chault aux fesses.

Qui me diroit: »Qui vous fait metre
Si tres avant ceste parolle,
Qui n'estes en theologie maistre?
A vous est presumpcion folle.«
C'est de Jhesus la parabolle
Touchant du Riche ensevely
En feu, non pas en couche molle,
Et du Ladre de dessus ly.

Se du Ladre eust veu le doit ardre,
Ja n'en eust requis refrigere,
N'au bout d'icelluy doit aherdre
Pour rafreschir sa maschouëre.
Pyons y feront mate chiere,
Qui boyvent pourpoint et chemise,
Puis que boiture y est si chiere.
Dieu nous en gart, bourde jus mise!

Ou nom de Dieu, comme j'ay dit,
Et de sa glorieuse Mere,
Sans pechié soit parfait ce dit
Par moy, plus megre que chimere;
Se je n'ay eu fievre eufumere,
Ce m'a fait divine clemence;
Mais d'autre dueil et perte amere
Je me tais, et ainsi commence.

Tot war'n sie, Leib und Seel zusammen,
Nicht ganz verlorn, obwohl verdammt;
Der Leib verfault, die Seel in Flammen,
Aus welchem Stand sie auch entstammt,
Doch keinesfalls schließ ich drin ein
Die Patriarchen und Propheten;
Denn ihr Gesäß, so viel ich mein',
Die Gluten nicht sehr heiß umwehten.

Sagt wer: »Was bist Du für ein Dreister,
Der solchen Worts sich mag erfrechen,
Bist doch in Theologie nicht Meister,
Um toll und dünkelhaft zu sprechen.«
Doch Jesus selbst das Gleichnis lehrte
Vom Reichen, der in Feuersglut
Die weiche Lagerstatt entbehrte,
Vom Armen, der im Himmel ruht.

Säh der des Armen Finger rösten,
Erbät er keiner Kühlung Gaben,
Sein Finger würde ihn nicht trösten
Und seinen heißen Mund erlaben.
Für Säufer ist dort trocknes Zechen,
Die Wams und Hemd vertun im Trunke,
Da für's Getränk man arg muß blechen;
Bei Gott! Ich mache kein Geflunke.

Im Namen Gottes, wie zuvor,
Und seiner Mutter, der Hochhehren,
Ohn Sünde bring dies Wort ich vor,
Ich, magerer als die Chimären;
Litt ich noch nicht an Eintagsfieber,
Das dank ich Gottes gnädger Wache;
Von andrem bittrem Mangel lieber
Und Kummer schweig ich. Nun zur Sache!

Premier, je donne ma povre ame
A la benoiste Trinité,
Et la commande a Nostre Dame,
Chambre de la divinité,
Priant toute la charité
Des dignes neuf Ordres des cieulx
Que par eulx soit ce don porté
Devant le Trosne precieux.

Item, mon corps j'ordonne et laisse
A nostre grant mere la terre;
Les vers n'y trouveront grant gresse,
Trop luy a fait fain dure guerre.
Or luy soit delivré grant erre:
De terre vint, en terre tourne;
Toute chose, se par trop n'erre,
Voulentiers en son lieu retourne.

Item, et a mon plus que pere,
Maistre Guillaume de Villon,
Qui esté m'a plus doulx que mere
A enfant levé de maillon:
Degeté m'a de maint bouillon,
Et de cestuy pas ne s'esjoye,
Si luy requier a genouillon
Qu'il m'en laisse toute la joye;

Je luy donne ma librairie,
Et le Rommant du Pet au Deable,
Lequel maistre Guy Tabarie
Grossa, qui est homs veritable.
Par cayers est soubz une table;
Combien qu'il soit rudement fait,
La matiere est si tres notable
Qu'elle amende tout le mesfait.

Zuerst, ich geb meine arme Seele
Der Heiligen Dreifaltigkeit,
Und Unsrer Fraun ich sie befehle,
Ihr, Hochgemach der Göttlichkeit,
Und bitte die Barmherzigkeit
Der Himmelschöre, neun an Zahl,
Daß sie zu tragen sei bereit
Dies mein Geschenk in Gottes Saal.

Item den Leib als Angebinde
Laß ich der großen Mutter Erde;
Glaub nicht, daß Fett der Wurm dran finde,
Zu sehr schuf Hunger ihm Beschwerde.
Mög man ihn schleunigst in ihr wahren!
Von Erde kam, zur Erde wieder
Kehrt er. Jed Ding, bin ich im Wahren,
Kehrt gern zu seiner Heimat wieder.

Item, ihm meinem mehr als Vater,
Magister Wilhelm von Villon,
– Mich sanfter stets behandelt hat er
Als eine Mutter ihren Sohn,
Ließ manchem Wirbel mich entfliehen,
Auch dieser ist für ihn kein Fest,
Drum bitt ich ihn auf meinen Knien,
Daß all die Lust dran er mir läßt –

Ihm schenk ich meine Bücher, wie
Auch den Roman vom Teufelswinde,
Den abschrieb Herr Guy Tabarie,
Ein Mann, den ich voll Wahrheit finde.
Heftweise liegt er unterm Tische;
Ist auch der Stil recht unverblümt,
Der Stoff ist von notorischer Frische,
Daß er die Untat gänzlich sühnt.

Item, donne a ma povre mere
Pour saluer nostre Maistresse,
(Qui pour moy ot douleur amere,
Dieu le scet, et mainte tristesse),
Autre chastel n'ay, ne fortresse,
Ou me retraye corps et ame,
Quant sur moy court malle destresse,
Ne ma mere, la povre femme!

Item, der armen Mutter geben
Will ich ein Grußlied Unserer Frauen.
Manch bittres Leid muß sie erleben
Um mich, Gott weiß es, und viel Grauen:
Kein Schloß, kein' Festung konnt ich bauen,
Drin Leib und Seel ich berg vor Harme,
Wenn Unglücksschauer mich umbrauen;
Auch meine Mutter nicht, die Arme!

Ballade que Villon feist à la requeste de sa mère pour prier Nostre Dame

Dame du ciel, regente terrienne,
Emperiere des infernaux palus,
Recevez moy, vostre humble chrestienne,
Que comprinse soye entre vos esleus,
Ce non obstant qu'oncques rien ne valus.
Les biens de vous, ma Dame et ma Maistresse,
Sont trop plus grans que ne suis pecheresse,
Sans lesquelz biens ame ne peut merir
N'avoir les cieulx. Je n'en suis jangleresse:
En ceste foy je vueil vivre et mourir.

A vostre Filz dictes que je suis sienne;
De luy soyent mes pechiez abolus;
Pardonne moy comme a l'Egipcienne,
Ou comme il feist au clerc Theophilus,
Lequel par vous fut quitte et absolus,
Combien qu'il eust au deable fait promesse.
Preservez moy de faire jamais ce,
Vierge portant, sans rompure encourir,
Le sacrement qu'on celebre a la messe:
En ceste foy je vueil vivre et mourir.

Femme je suis povrette et ancïenne,
Qui riens ne sçay; oncques lettre ne lus.
Au moustier voy dont suis paroissienne
Paradis paint, ou sont harpes et lus,
Et ung enfer ou dampnez sont boullus:
L'ung me fait paour, l'autre joye et liesse.
La joye avoir me fay, haulte Deesse,
A qui pecheurs doivent tous recourir,

Ballade, die Villon schrieb auf Bitten seiner Mutter als Gebet an die Gottesmutter

Herrin des Himmels, Herrscherin hienieden,
Der Sümpfe in der Hölle Kaiserin,
Nimm, schlichte Christin, mich in Deinen Frieden
Führ mich zu den von Dir Erwählten hin,
Wenn ich auch dessen gar nicht würdig bin.
Gebietrin Du und Herrin, Deine Hulden
Sind so viel größer als mein Sündenschulden,
Ohn solches Gut kann keins die Himmel erben,
Deß' will ich sonder Lüge mich gedulden,
In diesem Glauben leb ich und will sterben.

Sag Deinem Sohn, ich wäre gänzlich sein,
Er möge meiner Sünden mich entladen
Und mir, wie der Ägypterin, verzeihn;
Wie auch Theophilus kam nicht zu Schaden,
Den Du von seiner Sünde wuschest rein,
Obwohl er sich dem Teufel hat verschrieben.
Bewahre mich vor solchen bösen Trieben,
Da, Jungfrau Du, ohn Makel und Verderben
Den Leib trugst, den wir in der Messe lieben.
In diesem Glauben leb ich und will sterben.

Ich bin nur eine arme alte Frau
Die gar nichts weiß, kein Buch in Händen hielt
Und las. In meines Sprengels Münster schau
Voll Harfen, Lauten, ich des Himmels Bild,
Die Hölle auch, drin Feuer den Bösen schwillt,
Eins schafft mir Furcht, das andre frohe Labe,
Gib, hohe Göttin, daß ich Freude habe.
Um Deine Gunst muß jeder Sünder werben,

Comblez de foy, sans fainte ne paresse:
En ceste foy je vueil vivre et mourir.

V*ous portastes, digne Vierge, princesse,*
I*esus regnant qui n'a ne fin ne cesse.*
L*e Tout Puissant, prenant nostre foiblesse,*
L*aissa les cieulx et nous vint secourir,*
O*ffrit a mort sa tres chiere jeunesse;*
N*ostre Seigneur tel est, tel le confesse:*
En ceste foy je vueil vivre et mourir.

Ohn Falsch und Trägheit, an des Glaubens Stabe.
In diesem Glauben leb ich und will sterben.

V*ieledle Jungfrau, Fürstin, die getragen*
I*esum, den Herrn bis zu den fernsten Tagen,*
L*ud auf sich der Allmächtige unsre Plagen,*
L*ieß gern den Himmel, Heil uns zu erwerben,*
O*b Tod auch seiner teuren Jugend drohte.*
N*enn ich ihn, befolg ich die Gebote.*
In diesem Glauben leb ich und will sterben.

Item, m'amour, ma chiere Rose,
Ne luy laisse ne cuer ne foye;
Elle ameroit mieulx autre chose,
Combien qu'elle ait assez monnoye.
Quoy? une grant bource de soye,
Plaine d'escuz, parfonde et large;
Mais pendu soit il, que je soye,
Qui luy laira escu ne targe.

Car elle en a, sans moy, assez.
Mais de cela il ne m'en chault;
Mes plus grans dueilz en sont passez,
Plus n'en ay le croppion chault.
Si m'en desmetz aux hoirs Michault,
Qui fut nommé le Bon Fouterre;
Priez pour luy, faictes ung sault:
A Saint Satur gist, soubz Sancerre.

Ce non obstant, pour m'acquitter
Envers Amours, plus qu'envers elle,
Car onques n'y peuz acquester
D'espoir une seule estincelle
(Je ne sçay s'a tous si rebelle
A esté, ce m'est grant esmoy;
Mais, par sainte Marie la belle!
Je n'y voy que rire pour moy),

Ceste ballade luy envoye
Qui se termine tout par R.
Qui luy portera? Que je voye.
Ce sera Pernet de la Barre,
Pourveu, s'il rencontre en son erre
Ma damoiselle au nez tortu,
Il luy dira, sans plus enquerre:
»Orde paillarde, dont viens tu?«

Item, mein Lieb, die teure Rose,
Nicht Herz noch Leber ich ihr spende;
Sie hätte lieber andre Chose,
Geht Geld auch gnug durch ihre Hände.
Was? Einen großen Sack aus Seide
Drein tief und breit ich Taler senkte;
Doch daß, wie ich, den Strick erleide,
Wer Taler oder Schild ihr schenkte!

Denn ohne mich hat sie genug.
Doch kümmert's mich auf keine Weise;
Mein größtes Leid verging im Flug,
Mein Steiß um sie ist nicht mehr heiß.
Laß sie den Erben von Michaud,
Dem Vögler gut; so mag er haben
Ein still Gebet, machts wie er so –
Er liegt in Saint-Satur begraben.

Trotzdem, damit ich mich sprech los,
Bei ihr nicht, mehr noch bei der Liebe;
Denn niemals fiel mir in den Schoß
Ein Hoffnungsschimmer: ob sie bliebe
So spröd zu allen, weiß ich nimmer;
Doch kränkt mich dieses keine Spur;
Bei Sankt Marias Schönheit! Immer
Sah ich für mich Gelächter nur. –

Will *die* Ballade ich ihr schicken,
Wo jedes Reimwort schließt mit R.
Wer trägt sie hin? Wer läßt sich blicken?
Pernet sei's de la Barre, der Herr!
Wenn er sie trifft auf seiner Reise,
Das Fräulein mit der Nase quer,
So frag er bloß, ohn andre Weise:
»Dreckige Hur, wo kommst Du her?«

Ballade à s'amye

Faulse beauté qui tant me couste chier,
Rude en effect, ypocrite doulceur,
Amour dure plus que fer a maschier,
Nommer que puis, de ma desfaçon seur,
Cherme felon, la mort d'ung povre cuer,
Orgueil mussié qui gens met au mourir,
Yeulx sans pitié, ne veult Droit de Rigueur,
Sans empirer, ung povre secourir?

Mieulx m'eust valu avoir esté serchier
Ailleurs secours: c'eust esté mon onneur;
Riens ne m'eust sceu lors de ce fait hachier,
Trotter m'en fault en fuyte et deshonneur.
Haro, haro, le grant et le mineur!
Et qu'esse cy? Mourray sans coup ferir?
Ou Pitié veult, selon ceste teneur,
Sans empirer, ung povre secourir?

Vng temps viendra qui fera dessechier,
Jaunir, flestrir vostre espanye fleur;
Je m'en risse, se tant peusse maschier
Lors; mais nennil, ce seroit donc foleur:
Viel je seray; vous, laide, sans couleur;
Or beuvez fort, tant que ru peut courir;
Ne donnez pas a tous ceste douleur,
Sans empirer, ung povre secourir.

Prince amoureux, des amans le greigneur,
Vostre mal gré ne vouldroye encourir,
Mais tout franc cuer doit pour Nostre Seigneur,
Sans empirer, ung povre secourir.

Villon an seine Liebste

O falsche Schöne, allzu teure Braut,
Rauh in der Tat, und heuchlerisch nur süß,
Härter als Eisen sich die Liebe kaut,
Die sich als Unheilsschwester mir erwies,
Charme voller Lug, Tod für mein armes Herz,
O Stolz, versteckt, der uns nur sterben macht,
Grausame Augen, wollt des Armen Schmerz
Ihr lindern nicht, statt daß Ihr ihn verlacht?

Hätt bessre Hilfe mir an andrem Ort
Gesucht. Das wär zu Ehren mir gediehn.
Nichts dieser Art hätt mich zerhackt; nun fort
Muß ich mich trotten und in Unehr fliehn.
Helft, helft in dieser Not mir, groß und klein!
Doch wie? Werd ich ohn' Rache umgebracht?
Wenn nicht das Mitleid, statt zu mehr'n die Pein,
Dem Armen hilft, statt daß sie ihn verlacht.

Einst kommen wird die Zeit, da trocknen mag
Und welken Deiner Blume volle Pracht.
Ich möcht drum lachen, säh ich noch den Tag,
Doch nein, das wäre närrisch nur gedacht.
Ich, ach! werd alt, Du wirst bleich, häßlich sein;
Drum trinkt, so lang der Bach euch lüstern macht!
Nur helft dem Armen, mehrt nicht seine Pein
Und lindert sie, statt daß Ihr sie verlacht.

Fürst, Liebesheld, Du, der Verliebten Stern,
Nichts führ im Schilde ich gen Eure Macht;
Doch edle Herzen Ihr, bei Unsrem Herrn!
Helft, Armem mir, statt daß Ihr mich verlacht!

Villon

Faulce beaulte qui tāt me couste cher
Rude en effet ypocrite douleur
Amour dure plus que fer a mascher
Nommer te puis de ma desfacon seur
cercher selon la mort dun poure cueur
Orgueil musse q̃ gens met au mourir
yeulx sās pitie ne veult droit ⁊ rigueur
Sans empirer vng pouure secourir

Beaulte damours

Mieulx meust valu auoir este cerchier
Ailleurs secours ceust este mō hōneur
Riē ne meust sceu lors de ce fait hassier
Certes men suis en fuite ꝛ deshonneur
Haro haro le grant et le mineur
et quest ce. mourray ie sans coup ferir
Ou pitie veult selon ceste teneur
Sans empirer ung pouure secourir

Item, a maistre Ythier Marchant,
Auquel mon branc laissai jadis,
Donne, mais qu'il le mette en chant,
Ce lay contenant des vers dix,
Et, au luz, ung *De profundis*
Pour ses ancïennes amours
Desquelles le nom je ne dis,
Car il me hairoit a tous jours.

Rondeau

Mort, j'appelle de ta rigueur,
Qui m'as ma maistresse ravie,
Et n'es pas encore assouvie
Se tu ne me tiens en langueur:
Onc puis n'eus force ne vigueur;
Mais que te nuysoit elle en vie,
Mort?

Deux estions et n'avions qu'ung cuer;
S'il est mort, force est que devie,
Voire, ou que je vive sans vie
Comme les images, par cuer,
Mort!

Item, Herrn Itier Marchand, dem einst
Mein Schwert ich ließ als Lehn,
Geb ich – doch bring er's in Gesang –
Dies Lied, es hat der Verse zehn;
Ein De Profundis auch zur Laut'
Für seine Liebchen alter Zeit;
Bei Namen nenn ich sie nicht laut,
Sonst haßt er mich in Ewigkeit.

Rondeau

Tod, Deine Härte ich verklag,
Sie, die mein Liebchen mir entrissen,
Bist noch nicht satt von diesem Bissen,
Da Du mich hältst in meiner Plag,
Bis all mein Kraft vertan sein mag;
Tat, lebend, sie Dich je verdrießen,
Tod?

Zwei warn wir, eines Herzens Schlag
Tot ist's. Auch meines ward zerrissen,
Ach! Werd ohn Leben leben müssen,
Wie Schemen, durch den leeren Tag.
Tod!

Item, a maistre Jehan Cornu
Autre nouveau laiz lui vueil faire,
Car il m'a tous jours secouru
A mon grant besoing et affaire;
Pour ce, le jardin luy transfere,
Que maistre Pierre Bobignon
M'arenta, en faisant refaire
L'uys et redrecier le pignon.

Par faulte d'ung uys, j'y perdis
Ung grez et ung manche de houe.
Alors huit faulcons, non pas dix,
N'y eussent pas prins une aloue.
L'ostel est seur, mais qu'on le cloue.
Pour enseigne y mis ung havet;
Qui que l'ait prins, point ne m'en loue:
Sanglante nuyt et bas chevet!

Item, et pour ce que la femme
De maistre Pierre Saint Amant
(Combien, se coulpe y a a l'ame,
Dieu luy pardonne doulcement!)
Me mist ou renc de cayement,
Pour *le Cheval Blanc* qui ne bouge
Luy chanjay a une jument,
Et *la Mulle* a ung asne rouge.

Item, donne a sire Denis
Hesselin, esleu de Paris,
Quatorze muys de vin d'Aulnis
Prins sur Turgis a mes perilz.
S'il en buvoit tant que peris
En fust son sens et sa raison,
Qu'on mette de l'eaue es barilz:
Vin pert mainte bonne maison.

Item, dem Herrn Cornu Johann
Will ich ein andres Gut vermachen,
Weil stets von ihm ich Schutz gewann
In großer Not und schlimmen Sachen.
Ich will ihm darum überschreiben
Den Garten, den mir gab in Pacht
Pierre Bobignon, mit dem Betreiben,
Daß Tor und Giebel er neu macht.

Weil dort ein Tor fehlt, stahl man mir
'Nen Kiesel nebst 'nem Schippenstiele.
Acht Falken, zehn nicht, rupften hier
Nicht *einer* Lerche Federkiele.
Das Haus ist sicher, tut man's schließen.
Als Schild ein Zinken mir gefiel.
Wer einkehrt dort, Dank wird er mir nicht wissen:
Elende Nacht, niedriges Pfühl!

Item, weil einst es sich ergeben,
Daß mich die Frau von Saint-Amand
– Gott mög die Sünde ihr vergeben,
Wenn er als solche sie erkannt –
Hat in die Bettlerzunft verbannt,
Sei statt des lahmen »Weißen Rössl«
Ihm eine Stute zuerkannt,
Ein »Maultier« für den »Roten Esel«.

Item, dem Herrn Denis Eß'lin,
Geb ich, dem Stadtrat von Paris,
Vierzehn Weinfuder aus Aunis,
Bar übernommen von Turgis.
Tränk er davon so reichlich, daß
Sinn und Verstand ihm darob stirbt,
Dann gieße Wasser man ins Faß:
Der Wein manch gutes Haus verdirbt.

Item, donne a mon advocat,
Maistre Guillaume Charruau,
Quoy qu'il marchande ou ait estat,
Mon branc; je me tais du fourreau.
Il aura avec ung rëau
En change, affin que sa bource enfle,
Prins sur la chaussee et carreau
De la grant cousture du Temple.

Item, mon procureur Fournier
Aura pour toutes ses corvees
(Simple sera de l'espargnier)
En ma bource quatre havees,
Car maintes causes m'a sauvees,
Justes, ainsi Jhesu Christ m'aide!
Comme telles se sont trouvees;
Mais bon droit a bon mestier d'aide.

Item, je donne a maistre Jaques
Raguier *le Grant Godet* de Greve,
Pourveu qu'il paira quatre plaques,
(Deust il vendre, quoy qu'il luy griefve,
Ce dont on cueuvre mol et greve,
Aller sans chausses, en eschappin),
Se sans moy boit, assiet ne lieve,
Au trou de *la Pomme de Pin*.

Item, quant est de Merebeuf
Et de Nicolas de Louviers,
Vache ne leur donne ne beuf,
Car vachiers ne sont ne bouviers,
Mais gens a porter espreviers,
Ne cuidez pas que je me joue,
Et pour prendre perdris, plouviers,
Sans faillir, sur la Machecoue.

Item, geb meinem Advokat,
Herrn Wilhelm Charruau, was denn?
Obwohl Marchand schon teil dran hat,
Mein Schwert. Die Scheide ich nicht nenn.
Er auch noch 'nen Real erhält,
– Damit sich seine Börse runde –,
Den nehm er von dem Wegegeld
Sich auf der Templer Wiesengrunde.

Item, mein Rechtsanwalt Fournier
Darf als Entgelt für seine Mühen
– Leicht wär's, daß ich ihn übersäh –
Aus meinem Gurt vier Handvoll ziehen;
Hat manchen Händeln mich entwunden,
Gerechten – Jesus mög mich schützen!
Als solche waren sie befunden;
Gut Recht muß gutem Handel nützen.

Item, den »Großen Napf« will spenden,
Am Platz, ich Herrn Jacques Raguier,
Will er vier Heller mir dran wenden,
Müßt er verkaufen auch, o weh,
Womit man Waden deckt und Beine,
Und gehn in Socken, ohne Schuh,
Wenn ohne mich er trinkt alleine
Im »Tannenzapfenloch«, in Ruh.

Item, dem Nikolaus von Louviers,
Und Merebeuf sei ihm gesellt,
Nicht Kuh noch Ochs ich zugesteh,
Weil keiner Kuh noch Ochs sich hält.
Den Sperber führn sie in der Hand,
Zu suchen – Scherz ist nicht im Spiele –
Sumpfhühner, Schnepfen, höchst gewandt,
Bei Brat'rin Machecoue als Ziele.

Item, viengne Robin Turgis
A moy, je luy paieray son vin;
Combien, s'il treuve mon logis,
Plus fort sera que le devin.
Le droit luy donne d'eschevin,
Que j'ay comme enfant de Paris:
Se je parle ung peu poictevin,
Ice m'ont deux dames apris.

Elles sont tres belles et gentes,
Demourans a Saint Generou
Pres Saint Julien de Voventes,
Marche de Bretaigne ou Poictou.
Mais i ne di proprement ou
Yquelles passent tous les jours;
M'arme! i ne seu mie si fou,
Car i vueil celer mes amours.

Item, a Jehan Raguier je donne,
Qui est sergent, voire des Douze,
Tant qu'il vivra, ainsi l'ordonne,
Tous les jours une tallemouse,
Pour bouter et fourrer sa mouse,
Prinse a la table de Bailly;
A Maubué sa gorge arrouse,
Car au mengier n'a pas failly.

Item, et au Prince des Sotz
Pour ung bon sot Michault du Four,
Qui a la fois dit de bons motz
Et chante bien »Ma doulce amour!«
Je lui donne avec le bonjour;
Brief, mais qu'il fust ung peu en point,
Il est ung droit sot de sejour,
Et est plaisant ou il n'est point.

Item, erscheint Robin Turgis
Bei mir, zahl ich ihm seinen Wein,
Zwar müßt er, fänd er mein Logis,
Wohl stärker als der Hexer sein.
Mein Schöffenrecht kriegt er dazu,
Das als Pariser mir gehört.
Sprech ich wie einer aus Poitou,
Dat han zwo Damens mich gelehrt.

Sind schöne Mädchen und charmante,
Zuhause in Saint-Generou,
Nah bei Saint-Julien de Voventes,
Wo stößt Bretagne an Poitou.
Doch arg genau ich nit verzähl,
Wo man se trifft, in wat für'm Heim;
I bin net so verrückt, mei Sääl!
Die Lienchen halte ich geheim.

Jean Raguier sei, ums fortzusetzen,
– Beim Zwölferkorps ist er Sergeant –
Für Lebenszeit – so will ich's setzen –
Täglich ein Kässchmarrn zuerkannt,
Soll gut damit das Maul sich letzen,
Geklaut vom Tische bei Bailly,
Zu Maubué sich die Kehle netzen;
Denn wo es Schmaus gibt, fehlt er nie.

Item, dem Narrenprinz ich reich
Michaud Dufour, selbst Narrenfratz,
Der voller Witz steckt und zugleich
So lieblich singt: mein süßer Schatz!
Geb ihm dazu: gut Wetter hat's;
Kurz, wenn's ihn packt zur rechten Frist,
Ist rechter Narr er auf dem Platz,
Da ist gut sein, wo er nicht ist.

Item, aux Unze Vingtz Sergens
Donne, car leur fait est honneste
Et sont bonnes et doulces gens,
Denis Richier et Jehan Vallette,
A chascun une grant cornete
Pour pendre a leurs chappeaulx de faultres;
J'entens a ceulx a pié, hohete!
Car je n'ay que faire des autres.

De rechief donne a Perrenet,
J'entens le Bastart de la Barre,
Pour ce qu'il est beau filz et net,
En son escu, en lieu de barre,
Trois dez plombez, de bonne carre,
Et ung beau joly jeu de cartes.
Mais quoy? s'on l'oyt vecir ne poirre,
En oultre aura les fievres quartes.

Item, ne vueil plus que Cholet
Dolle, tranche, douve ne boise,
Relie broc ne tonnelet,
Mais tous ses houstilz changier voise
A une espee lyonnoise,
Et retiengne le hutinet;
Combien qu'il n'ayme bruyt ne noise,
Si luy plaist il ung tantinet.

Item, je donne a Jehan le Lou,
Homme de bien et bon marchant,
Pour ce qu'il est linget et flou,
Et que Cholet est mal serchant,
Ung beau petit chiennet couchant
Qui ne laira poullaille en voye,
Ung long tabart et bien cachant
Pour les mussier, qu'on ne les voye.

Dann will die Elfmalzwanzig Schar,
Sergeanten, brave und honnette,
Sanftmütige Leute offenbar,
Denis Richier und Hans Vallette,
Mit Seidenbändern ich versehen,
Um ihren Filzhut sie zu raffen,
Nur die – hohe! – zu Fuße gehen.
Mit andern hab ich nichts zu schaffen.

Pernet geb ich, zum andern Mal,
Ich mein La Barre, den Bastardknappen,
Weil zierlich er ist, schmuck und schmal,
An Balkens statt in seinem Wappen
Drei bleierne Würfel von den besser'n,
Spielkarten solln dabei auch liegen . . .
Doch hört man furzen ihn und wässern,
Soll er auch noch die Kränke kriegen.

Item, ich will nicht länger, daß
Cholet säg, hoble, täfle, drechsle,
Bereife weiter Krug und Faß,
Doch daß er all sein Werkzeug wechsle
Für eine Lyoneser Klinge
Und nur den Hammer bei sich laß,
Liebt er auch Lärmen und Gesinge,
So macht's ihm doch ein wenig Spaß.

Item, Johann Leloup vermach,
Dem braven Kaufmann, ehrenwert,
Weil er so weichlich ist und schwach
Und übel mit Cholet verkehrt,
Ein schönes Hündlein ich, ganz zahm,
Das nie ein Huhn läßt auf den Gassen.
'Nen Mantel, lang, um, was man nahm,
Gut drin versteckt, nicht sehn zu lassen.

Item, a l'Orfevre de Bois,
Donne cent clouz, queues et testes,
De gingembre sarrazinois,
Non pas pour acouppler ses boetes,
Mais pour conjoindre culz et coetes,
Et couldre jambons et andoulles,
Tant que le lait en monte aux tetes
Et le sang en devalle aux coulles.

Au cappitaine Jehan Riou,
Tant pour luy que pour ses archiers,
Je donne six hures de lou,
Qui n'est pas vïande a porchiers,
Prinses a gros mastins de bouchiers,
Et cuites en vin de buffet.
Pour mengier de ces morceaulx chiers,
On en feroit bien ung malfait.

C'est vïande ung peu plus pesante
Que duvet n'est, plume, ne liege.
Elle est bonne a porter en tente,
Ou pour user en quelque siege.
S'ilz estoient prins a un piege,
Que ces mastins ne sceussent courre,
J'ordonne, moy qui suis son miege,
Que des peaulx, sur l'iver, se fourre.

Item, a Robinet Trascaille,
Qui en service (c'est bien fait)
A pié ne va comme une caille,
Mais sur roncin gras et reffait,
Je lui donne, de mon buffet,
Une jatte qu'emprunter n'ose;
Si aura mesnage parfait:
Plus ne luy failloit autre chose.

Item, dem Holzschmied sei'n gesandt
Einhundert Ingwernägel, Köpfe
Und Stiele, aus der Türken Land,
Nicht um zu paaren seine Töpfe,
Nein, Schwanz und Hintern zu verfitzen
Und Glied und Schenkel zu verstopfen,
Bis daß die Milch steigt zu den Zitzen
Und voll von Blut die Hoden tropfen.

Johann Riou, dem Kapitän,
Für ihn und seiner Häscher Schar
Wolfsköpfe sechs ich zuerkenn,
Kein Fleisch für'n Schweinehirt das war;
Von Metzgerhunden man sie riß,
Gekocht sind sie in kahmigem Wein.
Für solchen feinen Leckerbiß,
Ging gern man ein Verbrechen ein.

Fleisch ist's, das schwerer liegt im Magen,
Als Korken, Federn oder Daunen,
Ist gut, in Zelten aufzutragen.
Und wenn man Städte will umzaunen.
Fing man in Fallen diese Beute,
Um nicht mit Hunden sie zu jagen,
Heisch ich als guter Arzt: die Häute
Soll er als Pelz im Winter tragen.

Item, Herrn Robert Überwachtel,
Der, wenn er Dienst tut, mit Geschick,
Zu Fuß nicht geht, wie eine Wachtel,
Doch auf dem Gaul sitzt rund und dick,
Ihm sei aus meinem Schrank erkannt
Ein Topf, den er nicht gewagt zu leihen,
Dann ist sein Haushalt gut im Stand,
Und nichts mehr fehlt ihm zum Gedeihen.

Item, donne a Perrot Girart,
Barbier juré du Bourg la Royne,
Deux bacins et ung coquemart,
Puis qu'a gaignier met telle paine.
Des ans y a demie douzaine
Qu'en son hostel de cochons gras
M'apatella une sepmaine,
Tesmoing l'abesse de Pourras.

Item, aux Freres mendians,
Aux Devotes et aux Beguines,
Tant de Paris que d'Orleans,
Tant Turlupins que Turlupines,
De grasses souppes jacoppines
Et flans leur fais oblacion;
Et puis après, soubz ces courtines,
Parler de contemplacion.

Si ne suis je pas qui leur donne,
Mais de tous enffans sont les meres,
Et Dieu, qui ainsi les guerdonne,
Pour qui seuffrent paines ameres.
Il faut qu'ilz vivent, les beaulx peres,
Et mesmement ceulx de Paris.
S'ilz font plaisir a nos commeres,
Ilz ayment ainsi leurs maris.

Quoy que maistre Jehan de Poullieu
En voulsist dire *et reliqua*,
Contraint et en publique lieu,
Honteusement s'en revoqua.
Maistre Jehan de Mehun s'en moqua;
De leur façon si fist Mathieu;
Mais on doit honnorer ce qu'a
Honnoré l'Eglise de Dieu.

Item, ich biet Perrot Girard,
Dem Zunftbarbier von Bourg-la-Reine,
Ein' Wannen und zwei Becken dar,
Weil ich ihn höchst geldgierig wähne.
Sechs Jahre sind's, daß er mich nährte
Von fettem Schwein in seinem Haus,
Die Mästung eine Woche währte,
Die Äbtin von Pourras sagt's aus.

Item, den Bettelbrüdern dies:
Den Frömmlerinnen und Beguinen
Von Orléans wie von Paris,
Den Turlupins und Turlupinen,
Will Jakobinersuppen, fette,
Und Sahnetorten ich spendieren,
Daß, unter Vorhängen, im Bette,
Sie in Beschaulichkeit parlieren.

Ich bin es nicht, der sie bedenket,
Das tuen aller Kinder Mütter
Und Gott, der also sie beschenket,
Für den sie leiden schwer und bitter.
Die lieben Väter müssen leben,
Das ist selbst in Paris der Brauch.
Wenn Lust sie unsern Weibern geben,
Helfen sie ihren Männern auch.

Was immer auch darüber sprach
Jean de Poullieu, so hier wie dort,
Er widerrief, gab schmählich nach,
Aus Zwang, am öffentlichen Ort.
Johann aus Meung trieb gleichen Spott,
Matthieu hat ebenso gelehrt.
Doch soll man ehren das, was Gott
Durch seine Kirche hat geehrt.

Si me soubmectz, leur serviteur
En tout ce que puis faire et dire,
A les honnorer de bon cuer
Et obeïr, sans contredire;
L'homme bien fol est d'en mesdire,
Car, soit a part ou en preschier
Ou ailleurs, il ne fault pas dire
Se gens sont pour eux revenchier.

Item, je donne a frere Baude,
Demourant en l'ostel des Carmes,
Portant chiere hardie et baude,
Une sallade et deux guysarmes,
Que Detusca et ses gens d'armes
Ne lui riblent sa caige vert.
Viel est: s'il ne se rent aux armes,
C'est bien le deable de Vauvert.

Item, pour ce que le Scelleur
Maint estront de mouche a maschié,
Donne, car homme est de valeur,
Son seau d'avantage crachié,
Et qu'il ait le poulce escachié,
Pour tout empreindre a une voye;
J'entens celuy de l'Eveschié,
Car les autres, Dieu les pourvoye!

Quant des auditeurs messeigneurs,
Leur granche ilz auront lambroissee;
Et ceulx qui ont les culz rongneux,
Chascun une chaire percee;
Mais qu'a la petite Macee
D'Orleans, qui ot ma sainture,
L'amende soit bien hault tauxee:
Elle est une mauvaise ordure.

Drum unterwerf ich mich – ihr Knecht,
In all'm, was tun ich kann und sprechen –
Zu ehren sie von Herzen recht,
Gehorsam, ohne Widersprechen;
Nur Narren gern sie sich erfrechen;
Denn, sei's bei Predigt, sei's beiseit,
Wo immer auch, man soll nicht sprechen,
Wenn Leute da sind, rachbereit.

Item, dem Bruder Baude teile
– Er wohnt im Haus der Karmeliter –
Ich einen Helm zu und zwei Beile,
Kühn geht er hin, stolz wie ein Ritter.
Daß Tusca nicht mit seinen Streifen
Ihm seinen grünen Käfig stiehlt!
Alt ist er, läßt er sich nicht greifen,
Als Teufel von Vauvert er gilt.

Item, dem Siegler sei verehrt,
Viel Bienenwachs, damit er's kaut,
– Ein Mann ist er von hohem Wert –
Sein Siegel, mit Spucke versaut.
Sein Daumen sei ihm platt gerammt,
Zu drucken alles auf einen Schlag;
Ich meine den vom Bischofsamt,
Den anderen Gott helfen mag.

Den Auditoren, hohen Herrn,
Wird ihre Scheune man bekleiden.
Wer krätz'ge Hintern hat, mag gern,
Oh, jeder, einen Nachtstuhl leiden.
Jedoch Macée, die einst besessen
In Orléans meinen Gurt, die Kleine,
Ihr Strafe sei sehr hoch bemessen:
Sie ist ein Luder, wie nur eine.

Item, donne a maistre Françoys,
Promoteur, de la Vacquerie
Ung hault gorgerin d'Escossoys,
Toutesfois sans orfaverie;
Car, quant receut chevallerie,
Il maugrea Dieu et saint George:
Parler n'en oit qui ne s'en rie,
Comme enragié, a plaine gorge.

Item, a maistre Jehan Laurens,
Qui a les povres yeulx si rouges
Pour le pechié de ses parens
Qui burent en barilz et courges,
Je donne l'envers de mes bouges
Pour tous les matins les torchier;
S'il fust arcevesque de Bourges,
Du sendail eust, mais il est chier.

Item, a maistre Jehan Cotart,
Mon procureur en court d'Eglise,
Devoye environ ung patart,
(Car a present bien m'en advise,)
Quant chicaner me feist Denise,
Disant que l'avoye mauldite;
Pour son ame, qu'es cieulx soit mise,
Ceste oroison j'ai cy escripte.

Item, ich geb dem Herrn Fiscal,
Franz de la Vacquerie ich meine,
Ein Band für'n Hals aus Schottenstahl,
Natürlich ohne Edelsteine;
Denn als zum Ritter man ihn machte,
Tat Gott und Sankt Georg er schmälen.
Wer davon hörte, ach, der lachte,
Als wär er toll, aus voller Kehlen.

Ich geb dem Meister Jean Laurent,
Deß' arme Augen rötlich laufen,
Von wegen seiner Eltern Hang
Zum Fässer- und zum Flaschensaufen,
Das Innere von meinen Säcken,
Täglich zu putzen sie, wenns hellt;
Als Erzbischof von Bourges, würd stecken
In Taft er, doch das geht ins Geld.

Item, dem Meister Jean Cotard,
Anwalt beim geistlichen Gerichte,
Schuld einen Deut ich bar;
Denn jetzo denk ich der Geschichte.
Denise tat mich schikanieren,
Weil ich ihr Übles nachgesprochen;
Für ihn – er mög den Himmel zieren –
Hab dies Gebet hier ich verbrochen.

Ballade et oraison

Pere Noé, qui plantastes la vigne,
Vous aussi, Loth, qui beustes ou rochier,
Par tel party qu' Amours, qui gens engigne,
De voz filles si vous feist approuchier
(Pas ne le dy pour le vous reprouchier),
Archetriclin, qui bien sceustes cest art,
Tous trois vous pry qu' o vous vueillez perchier
L'ame du bon feu maistre Jehan Cotart!

Jadis extraict il fut de vostre ligne,
Luy qui buvoit du meilleur et plus chier,
Et ne deust il avoir vaillant ung pigne;
Certes, sur tous, c' estoit ung bon archier;
On ne luy sceut pot des mains arrachier;
De bien boire ne fut oncques fetart.
Nobles seigneurs, ne souffrez empeschier
L'ame du bon feu maistre Jehan Cotart!

Comme homme beu qui chancelle et trepigne
L'ay veu souvent, quant il s'alloit couchier,
Et une fois il se feist une bigne,
Bien m'en souvient, a l'estal d'ung bouchier;
Brief, on n'eust sceu en ce monde serchier
Meilleur pyon, pour boire tost et tart.
Faictes entrer quant vous orrez huchier
L'ame du bon feu maistre Jehan Cotart!

Prince, il n'eust sceu jusqu'a terre crachier;
Tousjours crioit: »Haro! la gorge m'art.«
Et si ne sceust oncq sa seuf estanchier
L'ame du bon feu maistre Jehan Cotart.

Ballade und Gebet

Du, Vater Noah, der gepflanzt die Reben,
Auch Du, Loth, der am Felsen trank so viel,
Daß Amor, er, der Vater allem Leben,
Dich zu den Töchtern trieb mit argem Ziel,
– Ich sag es nicht, weil ich Euch schmähen will –
Archetriclin, Du Trinker wunderbar,
Ich bitt Euch drei, nehmt auf bei Eurem Spiel
Des seligen Meisters Seele, Jean Cotard.

Einst ward geboren er aus Eurer Sippe,
Das Teuerste und Beste war sein Fall;
Besäß er auch nicht mehr als eine Strippe,
Der stärkste Trinker war er allemal.
Kein Mensch wand aus den Händen ihm den Krug,
Bei gutem Trunke niemals träg er war.
Ihr edlen Herrn, laßt ein doch ohn Verzug
Des seligen Meisters Seele, Jean Cotard.

Wie einen Trunkenbold mit schwanken Schritten
Sah ich ihn oft, wenn hin zum Bett er fand;
Und einst hat eine Beule er erlitten,
Gut weiß ich's noch, an einem Fleischerstand.
Kurz, in der ganzen Welt war er bekannt
Als bester Trinker, spät und früh sogar.
Laßt ein, hört Ihr sie klopfen an der Wand,
Des seligen Meisters Seele, Jean Cotard.

Fürst, nie gelangs ihm, daß zur Erd er spie;
»Die Kehle brennt mir, ha!« sein Schrei stets war.
Und wie den Durst man stillt, das lernte nie
Des seligen Meisters Seele, Jean Cotard.

Item, vueil que le jeune Merle
Desormais gouverne mon change,
Car de changier envys me mesle,
Pourveu que tousjours baille en change,
Soit a privé soit a estrange,
Pour trois escus six brettes targes,
Pour deux angelotz ung grant ange:
Car amans doivent estre larges.

Item, j'ay sceu en ce voyage
Que mes trois povres orphelins
Sont creus et deviennent en aage
Et n'ont pas testes de belins,
Et qu'enfans d'icy a Salins
N'a mieulx sachans leur tour d'escolle.
Or, par l'ordre des Mathelins,
Telle jeunesse n'est pas folle.

Si vueil qu'ilz voisent a l'estude;
Ou? sur maistre Pierre Richier.
Le Donat est pour eulx trop rude:
Ja ne les y vueil empeschier,
Ilz sauront, je l'ayme plus chier,
Ave salus, tibi decus,
Sans plus grans lettres enserchier:
Tousjours n'ont pas clers l'au dessus.

Cecy estudient, et ho!
Plus proceder je leur deffens.
Quant d'entendre le grant *Credo*,
Trop forte elle est pour telz enfans.
Mon long tabart en deux je fens;
Si vueil que la moitié s'en vende
Pour leur en acheter des flans,
Car jeunesse est ung peu friande.

Item, Jung Merle, der soll halten
Mir meinen Wechselhandel künftig,
Denn ungern tu ich ihn verwalten,
Wenn stets er wechselt gut und zünftig
Einheimischen und fremdem Zahler.
Drei Taler: sechs Bretonenschilde,
Ein großer gält' zwei Engelstaler.
Wer liebt, sei gebefroh und milde.

Auf dieser Fahrt hab ich erfahren,
Daß die drei Waisenkinder mein,
Die armen, wuchsen mit den Jahren
Und keine Schafsköpfe sie sei'n;
Daß von Salins bis hier kein Kind
Wüßt besser seiner Schule Lehren,
Die Mathuriner einig sind,
Daß toll nicht solche Kinder wären.

Ich will, daß sie zur Schule gehen.
Wo? Bei Magister Pierre Riché.
Donat zu schwer ist zu verstehen,
Mit ihm schaff ihnen ich kein Weh.
Sie lernen dann, was gern ich seh:
Gesundheit wünsch ich! Hab die Ehr!
Und gehn nicht übers ABC;
Gelehrte wissen meist nicht mehr.

Das sollen sie studiern, heho!
Mehr lernen nicht! Das ist mein Will.
Denn zu verstehn das Grand Credo
Ist solchen Kindern schon zu viel.
Mein' langen Rock schneid ich entzwei,
Zur Hälfte will ich ihn versetzen,
Schaff Törtchen dann für sie herbei;
An Leckrem gern sich Jungens letzen.

Et vueil qu'ilz soient informez
En meurs, quoy que couste bature;
Chaperons auront enformez
Et les poulces sur la sainture,
Humbles a toute creature,
Disans: »Han? Quoy? Il n'en est rien!«
Si diront gens, par adventure:
»Vecy enfans de lieu de bien!«

Item, et mes povres clerjons,
Auxquelz mes tiltres resigné:
Beaulx enfans et droiz comme jons
Les voyant, m'en dessaisiné,
Cens recevoir leur assigné,
Seur comme quil l'auroit en paulme,
A ung certain jour consigné,
Sur l'ostel de Gueuldry Guillaume.

Quoy que jeunes et esbatans
Soient, en riens ne me desplaist:
Dedens trente ans ou quarante ans
Bien autres seront, se Dieu plaist.
Il fait mal qui ne leur complaist;
Ilz sont tres beaulx enfans et gens;
Et qui les bat ne fiert, fol est,
Car enfans si deviennent gens.

Les bources des Dix et Huit Clers
Auront; je m'y vueil travaillier:
Pas ilz ne dorment comme loirs
Qui trois mois sont sans resveillier.
Au fort, triste est le sommeillier
Qui fait aisier jeune en jeunesse
Tant qu'en fin lui faille veillier,
Quant reposer deust en viellesse.

Den Anstand lehr' man sie zuletzt,
Was es auch kost', daß man sie schlage,
Wie artig man die Mütze setzt,
Die Daumen auf dem Gürtel trage,
Bescheiden immer sich betrage
Mit: bitte, was? Das macht nichts aus!
So daß, beiläufig, jeder sage:
»Seht, Kinder sind's aus gutem Haus.«

Für meine armen Schülerlein
Ich meiner Titel mich entschlug;
Da sie wie Schilf sind, grad und fein,
Mein Hab ich ihnen übertrug.
Mein Mietzins ging zu ihrer Hand,
So sicher, wie wenn man ihn hätte;
Das fällig Datum ist bekannt:
Auf Wilhelm Gueuldrys Wohnungsstätte.

Ob jung auch und voll Narretei
Sie sind, das schafft mir keine Plag;
Gehn dreißig, vierzig Jahr vorbei,
Sind sie ganz anders, so Gott mag.
Nur Unrecht tut, wer sie nicht liebt.
Sehr schön und brav die Kinder sind,
Ein Narr, der ihnen Schläge gibt.
Denn einst zum Manne wird das Kind.

Der Achtzehn Bursen sollen sie
Erhalten, Mittel bring ich bei,
Solln nicht wie Dächse schlafen, die
Aufwachen nicht der Monde drei.
Der Schlaf ist trauriger Genuß,
Will Jugend jung sich dran erlaben,
So daß sie später wachen muß,
Wenn, alt, man sollte Ruhe haben.

Si en escrips au collateur
Lettres semblables et pareilles:
Or prient pour leur bienfaicteur,
Ou qu'on leur tire les oreilles.
Aucunes gens ont grans merveilles
Que tant m'encline vers ces deux;
Mais, foy que doy festes et veilles,
Oncques ne vy les meres d'eulx!

Item, donne a Michault Cul d'Oue
Et a sire Charlot Taranne
Cent solz (s'ilz demandent: »Prins ou?«
Ne leur chaille; ilz vendront de manne)
Et unes houses de basanne,
Autant empeigne que semelle,
Pourveu qu'ilz me salueront Jehanne,
Et autant une autre comme elle.

Item, au seigneur de Grigny,
Auquel jadis laissay Vicestre,
Je donne la tour de Billy
Pourveu, s'uys y a ne fenestre
Qui soit ne debout ne en estre,
Qu'il mette tres bien tout a point.
Face argent a destre et senestre:
Il m'en fault et il n'en a point.

Item, a Thibault de la Garde...
Thibault? je mens, il a nom Jehan;
Que luy donray je, que ne perde?
(Assez ay perdu tout cest an;
Dieu y vueille pourveoir, *amen!*)
Le Barillet, par m'ame, voire!
Genevoys est plus ancien
Et a plus beau nez pour y boire.

Ich schrieb bereits an den Patron
In diesem Sinne und Verstehen.
Solln beten für den Guten schon,
Sonst möcht's an ihre Ohren gehen.
's gibt Leute, die verwundert fragen,
Was mich so neigt zu diesen zwein,
Jedoch – bei Fest- und Feiertagen! –
Nie sah ich ihre Mütter, nein!

Item, ich geb Michaud Culdoue
Und dem Herrn Karlechen Taranne
Einhundert Sous. Frägt man: »Nanu?
Woher?« – »Schon gut, das kommt wie Manne.«
Auch ein Paar Schuhe jedem Manne,
Sohle und Schaft aus Hammelfelle,
Wofern sie grüßen mir Johanne
Und eine andre, gleicher Pelle.

Item, dem gnädgen Herrn Grigny,
Dem ich Vicêtre einst gelassen,
Ihm schenk den Turm ich von Billy,
Wofern, wenn nicht mehr stehn und passen
So Tor wie Fenster, neu er baue
Das Ganze, ordentlich nach Brauch
Und rechts und links nach Geld umschaue,
Ich brauch es, und ihm fehlt es auch.

Was Thibaut de la Garde soll ha'n?
– Thibaut? Ich lüg, Johann er heißt –
Daß ich kein Schaden hab daran?
– Genug dies Jahr hab ich verschleißt. –
Gott helf zu Neuem, amen dann!
Will ihm, mein Seel! das »Fäßchen« schenken.
Ist Genevois auch der ältre Mann;
Sein' schöne Nas' kann er drin tränken.

Item, je donne a Basennier,
Notaire et greffier criminel,
De giroffle plain ung pannier
Prins sur maistre Jehan de Ruel,
Tant a Mautaint, tant a Rosnel,
Et, avec ce don de giroffle,
Servir de cuer gent et ysnel
Le seigneur qui sert saint Cristofle,

Auquel ceste ballade donne
Pour sa dame, qui tous biens a;
S'Amour ainsi tous ne guerdonne,
Je ne m'esbays de cela,
Car au pas conquester l'ala
Que tint Regnier, roy de Cecille,
Ou si bien fist et peu parla
Qu'onques Hector fist ne Troïlle.

Item, Herrn Basanier ich bring,
Strafaktuarius und Notar,
– Bei Jean de Rueil stahl ich das Ding –
'nen Korbvoll würzger Näglein dar.
Mautaint und Rosnel geb ich gern
Das gleiche, daß mit diesem Stoffe
Sie dienen fein und flink dem Herrn,
Der seinen Dienst weiht Sankt Christophe.

Ihm gilt die folgende Ballade,
Für seine Herrin, hoch an Wert.
Schenkt Amor allen seine Gnade
So reich nicht, find ich's nicht verkehrt.
Siziliens König er sie stahl,
König René beim Lanzenstechen
Und wollt, wie Hektor dazumal
Und Troilus, nur wenig sprechen.

Ballade que Villon donne à un gentilhomme nouvellement marié, pour l'envoyer à son épouse par lui conquise à l'épée

Au poinct du jour, que l'esprevier s'esbat,
Meu de plaisir et par noble coustume,
Bruit la maulvis et de joye s'esbat,
Reçoit son per et se joinct a sa plume,
Offrir vous vueil, a ce desir m'alume,
Ioyeusement ce qu'aux amans bon semble.
Sachiez qu'Amour l'escript en son volume;
Et c'est la fin pour quoy sommes ensemble.

Dame serez de mon cuer sans debat,
Entierement, jusques mort me consume.
Lorier souef qui pour mon droit combat,
Olivier franc m'ostant toute amertume,
Raison ne veult que je desacoustume,
Et en ce vueil avec elle m'assemble,
De vous servir, mais que m'y acoustume;
Et c'est la fin pour quoy sommes ensemble.

Et qui plus est, quant dueil sur moy s'embat,
Par Fortune qui souvent si se fume,
Vostre doulx oeil sa malice rabat,
Ne mais ne mains que le vent fait la plume.
Si ne pers pas la graine que je sume
En vostre champ, quant le fruit me ressemble.
Dieu m'ordonne que le fouysse et fume;
Et c'est la fin pour quoy sommes ensemble.

Princesse, oyez ce que cy vous resume:
Que le mien cuer du vostre desassemble
Ja ne sera; tant de vous en presume;
Et c'est la fin pour quoy sommes ensemble.

Ballade Villons für einen neuvermählten Edelmann, an seine Gemahlin zu senden, die er mit dem Degen erobert hatte

Am frühen Tag, wenn seine Flügel schlägt
Voll Lust nach edlem Brauch der Sperber,
Rotdrossel auch, vor Freude heiß erregt,
Die Gattin sucht, ein liebestoller Werber,
Will froh ich, von dem Wunsch dazu getrieben,
Euch bringen, was Verliebten gut will scheinen.
Wißt, Amor hat es in sein Buch geschrieben;
Das ist das Ziel, für das wir uns vereinen.

Stets sollt Ihr Herrin meines Herzens sein,
Ganz, ohne Streit, bis mich der Tod verzehret,
Lorbeer, der für mein Recht kämpft sanft und fein,
Ölbaum, der alles Bittre von mir kehret,
Vernunft hat alle Untreu mir verwehret,
Und ihr Gebot verbind ich mit dem meinen:
Zu dienen Dir, so sei's von mir begehret,
Das ist das Ziel, für das wir uns vereinen.

Und mehr, wenn Kummer mir am Herzen nagt,
Den oft Fortunens Zorn beschert mir auch,
Dann Euer süßes Auge ihn verjagt,
So wie die Feder treibt der Windeshauch.
Das Korn, gesät in Euer Feld, als Ähre
Bleibt mein, wird nur die Frucht mir gleich erscheinen.
Gott will, daß ich's mit Fleiß bestell und nähre:
Das ist das Ziel, für das wir uns vereinen.

Prinzessin, hör, was hier ich Dir erkläre:
Daß je mein Herz sich trennte von dem Deinen,
Wird niemals sein; das Gleiche mir gewähre,
Das ist das Ziel, für das wir uns vereinen.

Item, a sire Jehan Perdrier,
Riens, n'a Françoys, son secont frere.
Si m'ont voulu tous jours aidier,
Et de leurs biens faire confrere;
Combien que Françoys, mon compere,
Langues cuisans, flambans et rouges,
My commandement my priere,
Me recommanda fort a Bourges.

Si allé veoir en Taillevent,
Ou chappitre de fricassure,
Tout au long, derriere et devant,
Lequel n'en parle jus ne sure.
Mais Macquaire, je vous asseure,
A tout le poil cuisant ung deable.
Affin qu'il sentist bon l'arsure,
Ce *recipe* m'escript, sans fable.

Ballade

En realgar, en arcenic rochier,
En orpiment, en salpestre et chaulx vive,
En plomb boullant pour mieulx les esmorchier,
En suif et poix destrempez de lessive
Faicte d'estrons et de pissat de juifve,
En lavailles de jambes a meseaulx,
En racleure de piez et viels houseaulx,
En sang d'aspic et drogues venimeuses,
En fiel de loups, de regnars et blereaulx,
Soient frittes ces langues envieuses!

Item, Nichts für Johann Perdrier,
Auch Franz, sein Bruder, soll nichts haben.
Zwar halfen sie mir je und je
Sehr brüderlich mit ihren Gaben,
Allein der Franz – mein Spießgesell –
Mit scharfen Zungen, roten, heißen,
Empfahl mich einst zu Bourges sehr schnell;
Halb war es Bitte, halb ein Heißen.

Ich wollt im Buch von Taillevent,
Was er vom Schmoren lehrt, erkunden,
Nach vorn, zurück, der Länge lang,
Hab unten, oben, nichts gefunden.
Doch, ich versichre Euch: Macaire,
Der 'n Teufel samt dem Felle briet,
Daß guten Dufts der Braten wäre,
Mir dies Rezept – kein Lüg – verriet:

Ballade der Lästerzungen

In salziger Säure, schaumigem Arsenik,
In Schwefel und Salpeter, kalkiger Speise,
In heißem Blei, daß nichts bleib ganz zurück,
In Talg und Pech, drin einer Jüdin Scheiße
Und Piß man wusch zu einem Bad aus Schweiße
Von Füßen und von süchtigem Gebein,
Auch alter Strümpfe Schorfsaft könnt es sein,
In Vipernblut und giftigem Kraut, in Galle,
Wie sie die Wölfe, Füchse, Dächse spein,
Soll braten man die Lästerzungen alle.

En cervelle de chat qui hayt peschier,
Noir, et si viel qu'il n'ait dent en gencive,
D'ung viel mastin, qui vault bien aussi chier,
Tout enragié, en sa bave et salive,
En l'escume d'une mulle poussive
Detrenchiee menu a bons ciseaulx,
En eaue ou ratz plongent groings et museaulx,
Raines, crappaulx et bestes dangereuses,
Serpens, lesars et telz nobles oyseaulx,
Soient frittes ces langues envieuses!

En sublimé, dangereux a touchier,
Et ou nombril d'une couleuvre vive,
En sang qu'on voit es palletes sechier
Sur ces barbiers, quant plaine lune arrive,
Dont l'ung est noir, l'autre plus vert que cive,
En chancre et fiz, et en ces ors cuveaulx
Ou nourrisses essangent leurs drappeaulx,
En petiz baings de filles amoureuses
(Qui ne m'entent n'a suivy les bordeaulx)
Soient frittes ces langues envieuses!

Prince, passez tous ces frians morceaulx,
S'estamine, sacs n'avez ou bluteaulx,
Parmy le fons d'unes brayes breneuses;
Mais, par avant, en estrons de pourceaulx
Soient frittes ces langues envieuses!

Item a sire Jehan perdrier
Riens na francoys son second frere
Sy mont voulu tousjours aidier
Et de leurs biens faire confrere
Combien que francoys mon compere
langues cuisans flambans et rouges
My commandement my priere
Me recommanda fort a bourges

Sy allez veoir en taillevant
Ou chappitre de fricassure
Tout au long derriere et devant
Lequel nen parle jus ne sure
Mais macquaire je vous asseure
A tout le poil cuysant ung deable
Affin quil sentist bon larsure
Ce recipe mescript sans fable

Ballade

En reagal en arcenic rocher
En orpiment salpestre et chaulx vive
En plomb boullant pour mieulx les esmorcher
En suye et poix destrempee de lessive
Faicte destrons et de pissat de juifve
En lavailles de jambes a meseaulx
En raclure de piez et vieulx houseaulx
En sang daspic et drogues venimeuses
En fiel de loups de regnars et blereaux
Soient frictes ces langues envieuses

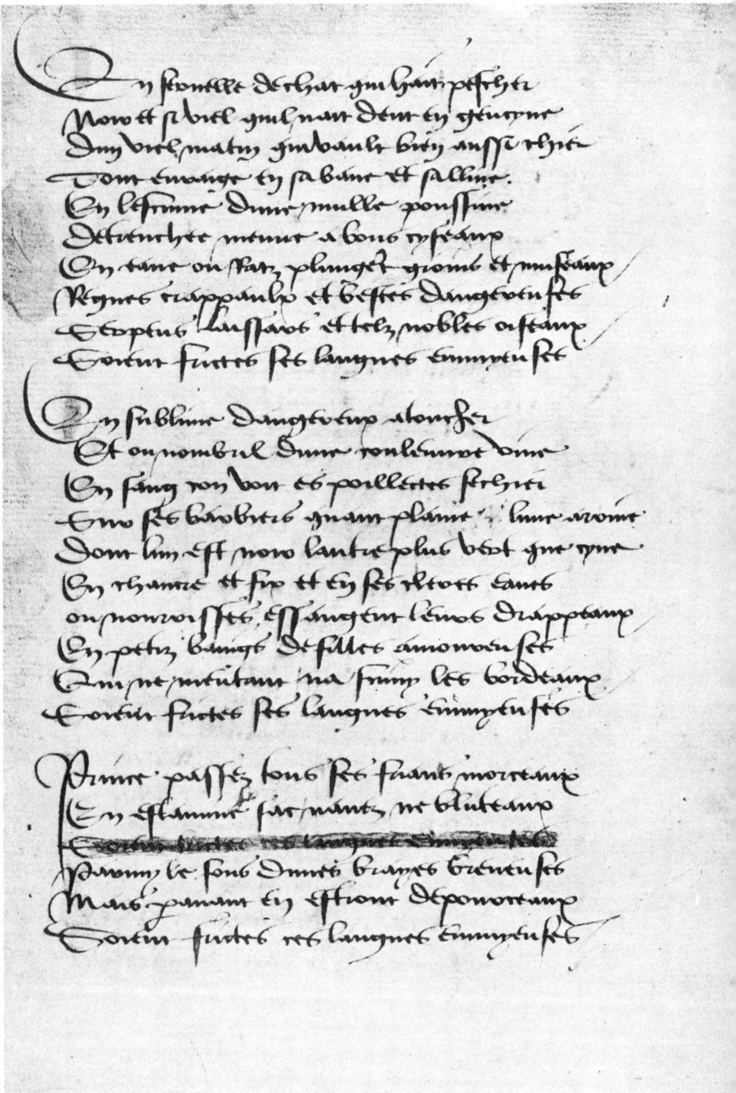

En scoulle de chat qui hait pesche
Noire et si vielle quil nait dent en gueulle
Dung viel mastin qui vault bien aussi chier
Tout enraige en sa baue et salliue.
En lescume dune mulle poussiue
Detrenchee menue a bons ciseaux
En eaue ou ratz plungent groins et museaux
Raynes crappaulx et bestes dangereuses
Serpens lesars et telz nobles oiseaux
Soient frites ses langues ennuyeuses

En sublime dangereux atoucher
Et ou nombril dune couleuure viue
En sang con voit es poillettes sechier
Chies ses barbiers quant plaine lune arriue
Dont lun est noir lautre plus vert que ciue
En chancre et fix et en ses ordz cuueaux
Ou nourrisses essangent leurs drappeaux
En petiz baings de filles amoureuses
Qui ne mentent na suiuy les bordeaux
Soient frites ses langues ennuyeuses

Prince passez tous ses frians morceaux
Sestamine sac nauez ne bluteaux
~~Soient frites ses langues ennuyeuses~~
Parmy le fons dunes brayes breneuses
Mais paravant en estront de pourceaux
Soient frites ses langues ennuyeuses

XII

In eines Katers Hirn, der's Fischen haßt,
Schwarz und so alt, daß ihm die Zähne brachen,
Und eines tollen Hunds, gleich häßlich fast,
In seinem Speichel, triefend aus dem Rachen,
Im Geiferauswurf eines lungenschwachen
Maultiers, mit guter Scher zerschnitten fein,
Im Wasser, drin sich Ratten wühlten ein,
Gefährliches Getier, Frosch, Kröte, Qualle,
Solch edle Vögel, Schlangen, Eidechslein,
Soll braten man die Lästerzungen alle.

In Sublimat, das anzurühr'n man flieht,
Im Nabel einer Natter, noch am Leben,
Im Blut, das man beim Bader trocknen sieht
In seinem Becken, bei des Vollmonds Schweben,
Bald sieht man's schwarz, bald grün wie Schnittlauch
In Krebsgeschwür und jener Kübel Graus, [kleben,
Drin Ammen ihre Windeln waschen aus,
In Wännchen, die man braucht im Dirnensaale
– Wer's nicht versteht, war nie im Hurenhaus –
Soll braten man die Lästerzungen alle.

Mein Fürst, passiert dies ganze leckre Mahl,
Steht Euch nicht Beutel, Sack und Sieb zur Wahl,
Durch eine schmutzige Hose. Doch in jedem Falle,
Zuvor im Kotstrunk aus dem Schweinestall,
Soll braten man die Lästerzungen alle.

Item, a maistre Andry Courault,
»Les Contrediz Franc Gontier« mande;
Quant du tirant seant en hault,
A estuy la riens ne demande.
Le Saige ne veult que contende
Contre puissant povre homme las,
Affin que ses fillez ne tende
Et qu'il ne trebuche en ses las.

Gontier ne crains: il n'a nuls hommes
Et mieulx que moy n'est herité;
Mais en ce debat cy nous sommes,
Car il loue sa povreté,
Estre povre yver et esté,
Et a felicité repute
Ce que tiens a maleureté.
Lequel a tort? Or en dispute.

Les contredits de Franc Gontier

Sur mol duvet assis, ung gras chanoine,
Lez ung brasier, en chambre bien natee,
A son costé gisant dame Sidoine,
Blanche, tendre, polie et attintee,
Boire ypocras, a jour et a nuytee,
Rire, jouer, mignonner et baisier,
Et nu a nu, pour mieulx des corps s'aisier,
Les vy tous deux, par ung trou de mortaise:
Lors je congneus que, pour dueil appaisier,
Il n'est tresor que de vivre a son aise.

An Franc-Gontier die Antwort itz
Will Herrn Andry Couraut ich senden.
Von dem Tyrann, hoch auf dem Sitz,
Von ihm, erbitt ich keine Spenden.
Der weise Mann will nicht, daß streite
Der müde Arme gen Gewalt,
Daß sie ihm Schlingen nicht bereite
Und er in ihre Netze fall.

Fürcht Gontier nicht; hat keine Leute
Und hat nicht mehr geerbt als ich;
Doch sind in diesem Streit wir heute;
Denn er rühmt seiner Armut sich:
Arm sein Winter- und Sommerzeit!
Und will uns als ein Glück anpreisen,
Was ich für Unglück halt und Leid,
Wer ist im Unrecht? Ich will's weisen.

Ballade zur Erwiderung an Franc Gontier

Ein feister Domherr sitzt auf weichem Bette,
In schön verhängtem Raum, beim Feuerbecken,
Man sieht Madam Sidonie sich, die nette,
Weiß, glatt, zart, rundlich ihm zur Seite strecken,
Von warmem Wein bei Tag und Nacht sie schlecken
Und lachen, spielen, kosen, Kuß um Kuß.
Nackt liegt bei nackt, zu höherem Genuß,
Durch einen Spalt sah ich der Beiden Leben:
Da lernt ich, wie das Leid man lindern muß,
Kein höheres Gut gibt's als behaglich leben.

Se Franc Gontier et sa compaigne Helaine
Eussent ceste doulce vie hantee,
D'oignons, civotz, qui causent forte alaine,
N'acontassent une biste tostee.
Tout leur mathon, ne toute leur potee,
Ne prise ung ail, je le dy sans noysier.
S'ilz se vantent couchier soubz le rosier.
Lequel vault mieulx? Lict costoyé de chaise?
Qu'en dites vous? Faut il a ce musier?
Il n'est tresor que de vivre a son aise.

De gros pain bis vivent, d'orge, d'avoine,
Et boivent eaue tout au long de l'anee.
Tous les oyseaulx d'icy en Babiloine
A tel escot une seule journee
Ne me tendroient, non une matinee.
Or s'esbate, de par Dieu, Franc Gontier,
Helaine o luy, soubz le bel esglantier:
Se bien leur est, cause n'ay qu'il me poise;
Mais, quoy que soit du laboureux mestier,
Il n'est tresor que de vivre a son aise.

Prince, jugiez, pour tous nous accorder.
Quant est de moy, mais qu'a nul ne desplaise,
Petit enfant, j'ay oy recorder:
Il n'est tresor que de vivre a son aise.

Wenn Franc Gontier und sein Gespus Mariechen
Geweiht sich hätten diesem süßen Leben,
Für Zwiebeln, Lauch, die aus dem Munde riechen,
Nicht einen Zwieback möchten sie wohl geben.
All ihre saure Milch und all den Brei daneben
Schätz keinen Knoblauch ich, sags ohne Streit,
Macht unter Rosen ruhen ihnen Freud,
Sind Bett und Stuhl nicht lieber zu erstreben?
Was meint Ihr wohl? Was zögert der Bescheid?
Kein höheres Gut gibt's als behaglich leben.

Von Schwarzbrot sie, von Gerste, Hafer leben
Und trinken Wasser nur an allen Tagen.
Mich alle Vögel nicht, von hier bis Theben,
Verlockten einen Tag zu solchen Plagen.
Nicht einen Morgen lang würd ich's ertragen.
Mag sich erfreun, weiß Gott, Franc Gontier,
Mariechen mit, am Weißdorn dort im Klee.
Gefällt es ihnen, will ich mich drein geben;
Doch wie's auch mit des Bauern Arbeit steh,
Kein höheres Gut gibt's als behaglich leben.

Fürst, urteilt und verschafft uns Einigkeit.
Doch ich, zwar will ich keinem Ärger geben,
Als kleines Kind schon hört ich weit und breit:
Kein höheres Gut gibt's als behaglich leben.

Item, pour ce que scet sa Bible
Ma damoiselle de Bruyeres,
Donne preschier hors l'Evangille
A elle et a ses bachelieres,
Pour retraire ces villotieres
Qui ont le bec si affillé,
Mais que ce soit hors cymetieres,
Trop bien au Marchié au fillé.

Weil ihre Bibel sie hat binnen
So gut, das Fräulein von Bruyères,
Ich ihr und ihren Schülerinnen
Das Recht zu predigen gewähre;
Nur nicht die Schrift, um diese Racker
Zu zügeln, deren Mund nie steht,
Doch außerhalb der Gottesacker.
Beim Spinnmarkt es viel besser geht.

Ballade des femmes de Paris

Quoy qu'on tient belles langagieres
Florentines, Veniciennes,
Assez pour estre messagieres,
Et mesmement les ancïennes;
Mais, soient Lombardes, Rommaines,
Genevoises, a mes perilz,
Pimontoises, Savoisiennes,
Il n'est bon bec que de Paris.

De tres beau parler tiennent chaieres,
Ce dit on, les Neapolitaines,
Et sont tres bonnes caquetieres
Allemandes et Pruciennes;
Soient Gresques, Egipciennes,
De Hongrie ou d'autre pays,
Espaignolles ou Cathelennes,
Il n'est bon bec que de Paris.

Brettes, Suysses, n'y sçavent guieres,
Gasconnes, n'aussi Toulousaines:
De Petit Pont deux harengieres
Les concluront, et les Lorraines,
Engloises et Calaisiennes,
(Ay je beaucoup de lieux compris?)
Picardes de Valenciennes;
Il n'est bon bec que de Paris.

Prince, aux dames Parisiennes
De beau parler donnez le pris;
Quoy qu'on die d'Italiennes,
Il n'est bon bec que de Paris.

Ballade über die Frauen von Paris

Obwohl als höchst geschwätzig gelten
Die aus Venedig und Florenz,
Um Liebesbotschaft zu vermelden,
Sogar die lange floh der Lenz,
Mailänderinnen, Römerinnen,
Genueser Damen, ich wag dies:
Savoiens Fraun, Turinerinnen,
Kein Schnabel piepst wie in Paris.

In schönen Reden sich gefallen,
Sagt man, die aus Neapels Gauen,
Und äußerst schwatzhaft sind vor allen
Die preußischen und deutschen Frauen.
Ob die aus Ungarn, Griechenlande,
Ob man die Spanierinnen pries,
Kastilianerinnen nannte,
Kein Schnabel piepst wie in Paris.

Die Schweiz, Bretagne bleibt zurücke;
Ob aus Gascogne, aus Toulouse,
Leicht schlagen auf der kleinen Brücke
Zwo Heringsfraun sie in Geschmuse.
Ob ich Calais, ob England nenne,
Ob Lothringen – genügt Euch dies?
Ob Picardie, Valenciennes,
Kein Schnabel piepst wie in Paris.

Mein Fürst, gib den Pariserinnen
Den Redepreis, wie ich es wies;
Rühmt man auch Italienerinnen,
Kein Schnabel piepst wie in Paris.

Regarde m'en deux, trois, assises
Sur le bas du ply de leurs robes,
En ces moustiers, en ces eglises;
Tire toy pres, et ne te hobes;
Tu trouveras la que Macrobes
Oncques ne fist tels jugemens.
Entens; quelque chose en desrobes:
Ce sont tous beaulx enseignemens.

Item, et au mont de Montmartre,
Qui est ung lieu moult ancïen,
Je luy donne et adjoings le tertre
Qu'on dit le mont Valerien,
Et, oultre plus, ung quartier d'an
Du pardon qu'apportay de Romme:
Si ira maint bon crestien
Voir l'abbaye ou il n'entre homme.

Item, varletz et chamberieres
De bons hostelz (riens ne me nuyt)
Feront tartes, flans et goyeres,
Et grans ralias a myenuit
(Riens n'y font sept pintes ne huit),
Tant que gisent seigneur et dame;
Puis après, sans mener grant bruit,
Je leur ramentoy le jeu d'asne.

Item, et a filles de bien,
Qui ont peres, meres et antes,
Par m'ame! je ne donne rien,
Car j'ay tout donné aux servantes.
Si fussent ilz de peu contentes:
Grant bien leur fissent mains loppins
Aux povres filles (ennementes!)
Qui se perdent aux Jacoppins,

Schau, wie sich zwei, drei dort verhalten
In Kirchen und im Klosterzimmer,
Im Sitz auf ihrer Kleider Falten,
Geh nah heran, doch rühr Dich nimmer.
Macrobius, wirst Du bald erkennen,
Hat solche Urteil' nie gefällt.
Merk, ist auch Manches abzutrennen,
Sind es doch schöne Lehren, gelt!

Item, zu dem Montmartre werde,
Ein Ort, den als sehr alt man kennt,
Ich fügen noch des Hügels Erde,
Den man Berg des Valerius nennt.
Drei Monde auch vom Seelenheil,
Das ich in Rom für mich begehrt:
Manch guter Christ geht dann in Eil
Zum Kloster, das dem Mann versperrt.

Item, Lakain und Kammermädchen
Aus gutem Haus – wenns Glück mir lacht –,
Solln Torten backen, Käseflädchen
Zu reichem Schmaus um Mitternacht.
Nichts sind sechs Pinten oder acht,
Solang die Herrschaft liegt darnieder.
Danach, ohn daß viel Lärm es macht,
Lehr ich das Eselsspiel sie wieder.

Den braven Mädchen, die betreut
Von Vätern, Müttern, Tanten leben,
Geb, meiner Seel! ich keinen Deut,
Tat alles schon den Dirnchen geben.
Zufrieden wär'n sie mit dem Mindern.
Manch Häpplein schon wär ihrem Mund,
'Ne Leckerei, den armen Kindern,
Die bei den Mönchen gehn zugrund.

Aux Celestins et aux Chartreux;
Quoy que vie mainent estroite,
Si ont ilz largement entre eulx
Dont povres filles ont souffrete;
Tesmoing Jaqueline, et Perrete,
Et Ysabeau qui dit: «Enné!»;
Puis qu'ilz en ont telle disette,
A paine en seroit on damné.

Item, a la Grosse Margot,
Tres doulce face et pourtraicture,
Foy que doy *brulare bigod*,
Assez devote creature;
Je l'aime de propre nature,
Et elle moy, la doulce sade:
Qui la trouvera d'aventure,
Qu'on luy lise ceste ballade.

Ballade de Villon de la Grosse Margot

Se j'ayme et sers la belle de bon hait,
M'en devez vous tenir ne vil ne sot?
Elle a en soy des biens a fin souhait.
Pour son amour sains bouclier et passot;
Quant viennent gens, je cours et happe ung pot,
Au vin m'en fuis, sans demener grant bruit;
Je leur tens eaue, frommage, pain et fruit.
S'ilz paient bien, je leur dis: «Bene stat;
Retournez cy, quant vous serez en ruit,
En ce bordeau ou tenons nostre estat!»

Bei Cölestinern und Kartäusern,
Die reichlich insgeheim verzehren
– Hält man sie auch in engen Häusern –,
Was arme Mägdelein entbehren:
– Perrette und Jacqueline das lehren
Und Isabeau, die »Fürwahr« sagt. –
Da sie sich schwer der Not erwehren,
Man kaum sie drum zur Hölle jagt.

Item, dem Dickwanst, der Margot,
Sehr sanftes Antlitz, auserlesen,
Die stets auch – bei Our Lord and God
Ich schwör's Euch – ziemlich fromm gewesen;
Ich liebte sie aus tiefstem Wesen,
Die Süße, Holde liebt auch mich.
Der soll ihr diese Verse lesen,
Hätt' sie wer aufgelesen sich.

Ballade von der dicken Margot

Wenn ich der Schönen dien in Lieb und Lust,
Dürft ihr mich halten drum für schlecht und dumm?
Erwünschtes Glück trägt sie in ihrer Brust,
Für ihre Lieb gürt Schild und Dolch ich um.
Wenn Leute kommen, laufe ich herum
Für einen Krug voll Wein, ohn viel zu schrein.
Bring Wasser, Käse, Früchte, Brot herein,
Und zahlen gut sie, sag ich: »Gut, fürwahr,
Kommt wieder, wenn Ihr seid in brünstiger Pein,
In dies Bordell, wo unser Haushalt war.«

Villon

Se iayme et sers la belle de bon hait
Men deues vous tenir a vil ne sot
Elle a en soy des biens a son souhait
Pour elle seings le bloucler et passot
Quant viennent gens ie cours et hap
pe vng pot
Au vi mẽ fuiz sãs demener grãt bruit
ie leur tendz eaue pai͂ frõmage ⁊ fruit
Silz iouẽt bien: ie leurs diz q̄ bien stat
Retournez cy quãt vo⁹ seres en ruit
En ce bourdeau ou tenõs nostre estat

La grosse margot
Mais adonc il ya grant dehait
Quãt sãs argẽt sẽva coucher margot
Veoir ne la puis mõ cuer mort la hait
Sa robe prent/chaperon et surcot
Si luy iure quil tiendra pour lescot
Par les coustes:si se prent lantecrist
Crie et iure par la'mort iesucrist
Que nõ fera:lors iẽpongne vng esclat
Dessus sõ nez luy en fais vng escript
En ce bordeau ou tenons nostre estat

Mais adoncques il y a grant deshait,
Quant sans argent s'en vient couchier Margot;
Veoir ne la puis, mon cuer a mort la hait.
Sa robe prens, demy saint et surcot,
Si luy jure qu'il tendra pour l'escot.
Par les costés se prent, »c'est Antecrist«
Crie, et jure par la mort Jhesucrist
Que non fera. Lors j'empoingne ung esclat;
Dessus son nez luy en fais ung escript,
En ce bordeau ou tenons nostre estat.

Puis paix se fait, et me fait ung gros pet,
Plus enflee qu'ung vlimeux escharbot.
Riant, m'assiet son poing sur mon sommet,
Gogo me dit, et me fiert le jambot.
Tous deux yvres, dormons comme ung sabot.
Et, au resveil, quant le ventre luy bruit,
Monte sur moy, que ne gaste son fruit.
Soubz elle geins, plus qu'un aiz me fait plat;
De paillarder tout elle me destruit,
En ce bordeau ou tenons nostre estat.

Vente, gresle, gelle, j'ay mon pain cuit.
Ie suis paillart, la paillarde me suit.
Lequel vault mieulx? Chascun bien s'entresuit.
L'ung vault l'autre; c'est a mau rat mau chat.
Ordure amons, ordure nous assuit;
Nous deffuyons onneur, il nous deffuit,
En ce bordeau ou tenons nostre estat.

Doch manchmal gibt's Verdruß und arge Not,
Kommt Margot ohne Geld, zum Schlaf zurück.
Kann sie nicht sehen, haß sie auf den Tod,
Nehm Gürtel, Rock und alle Kleider ihr
Und schwör: »Als Zeche, wahrlich, das behalt ich
Greift in die Hüften sich, »der Antichrist«, [mir!«
Sie schreit und flucht beim Tod von Jesus Christ:
»Nichts da!« Zum Angriff mach die Faust ich klar,
Was bald auf ihrer Nas geschrieben ist,
In dem Bordell, wo unser Haushalt war.

Nun Frieden wird's, sie furzt mich kräftig an,
Ein giftgeschwollner Käfer stinkt nicht so,
Und lacht und setzt die Faust aufs Dach mir dann,
Klappt auf den Hintern mich mit »mein Coco!«
Wie Klötze schlafen trunken wir und froh.
Und beim Erwachen, wenn's im Bauch sie kneipt,
Steigt sie auf mich, daß heil die Frucht ihr bleibt.
Ich stöhne unter ihr, platt wie ein Brett obzwar,
Mit ihrer geilen Lust sie gänzlich mich zerreibt,
In dem Bordell, wo unser Haushalt war.

Ob's windet, hagelt, friert, gebacken ist mein Brot
Ich bin ein Hurenbock, die Hure tut mir not.
Wer gilt schon mehr? Wir sind von gleichem Schrot,
Bös' Katz ziemt böser Ratt', gleich sind wir gar.
Kot lieben wir, drum klebt an uns der Kot.
Wir fliehen Ehr, Ehr uns den Rücken bot,
In dem Bordell, wo unser Haushalt war.

Item, a Marion l'Idolle
Et la grant Jehanne de Bretaigne
Donne tenir publique escolle
Ou l'escollier le maistre enseigne.
Lieu n'est ou ce marchié se tiengne,
Si non a la grisle de Mehun;
De quoy je dis: «Fy de l'enseigne,
Puis que l'ouvraige est si commun!»

Item, et a Noel Jolis,
Autre chose je ne luy donne
Fors plain poing d'osiers frez cueillis
En mon jardin; je l'abandonne.
Chastoy est une belle aulmosne,
Ame n'en doit estre marry:
Unze vings coups luy en ordonne
Livrez par la main de Henry.

Item, ne sçay qu'a l'Ostel Dieu
Donner, n'a povres hospitaulx;
Bourdes n'ont icy temps ne lieu,
Car povres gens ont assez maulx.
Chascun leur envoye leurs aulx;
Les Mendians ont eu mon oye;
Au fort, ilz en auront les os:
A menue gent menue monnoye.

Item, je donne a mon barbier,
Qui se nomme Colin Galerne,
Pres voisin d'Angelot l'erbier,
Ung gros glasson (prins ou? en Marne),
Affin qu'a son ayse s'yverne.
De l'estomac le tiengne pres;
Se l'yver ainsi se gouverne,
Il aura chault l'esté d'après.

Die Marion, l'Idole, fürwahr,
Darf öffentliche Schule halten
Mit Jeanne, die Bretonin war,
Wo Schüler ihrer Lehrer walten.
Der Ort, wo dieser Handel gilt,
Ist nur in Meung, in Gitterhaft;
Veracht ich drum das Firmenschild,
Weil allgemein man Gleiches schafft.

Item, ich will Noel Jolis
Nur eine Handvoll Ruten spenden,
In meinem Garten schnitt ich sie
Frisch ab, ich geb sie aus den Händen.
Bestrafung ist ein schön Almosen,
Betrübt sei keiner, der es nimmt,
Drum elfmalzwanzig solcher Dosen
Sei'n ihm von Heinrichs Hand bestimmt.

Item, was soll dem Krankenhaus
Ich geben, armer Leut Spital?
Hier bleiben Späße füglich aus,
Die Armen han genug der Qual.
Ein jeder schickt sein' Knochen hin.
Mein Gänslein ward der Bettler Beute;
Am End sind Knochen ihr Gewinn:
Kleine Münze für kleine Leute.

Item, beschenkt sei mein Barbier,
– Sein Name ist Colin Galerne,
Bei Kräuter Angelots Quartier –
Mit Eis, woher? Nun, aus der Marne.
Das soll ihm Winterfreuden geben,
Er leg es fest am Magen auf.
Weiß so im Winter er zu leben,
Hat er es warm den Sommer drauf.

Item, riens aux Enfans Trouvez;
Mais les perdus faut que consolle.
Si doivent estre retrouvez,
Par droit, sur Marion l'Idolle.
Une leçon de mon escolle
Leur liray, qui ne dure guere.
Teste n'ayent dure ne folle;
Escoutent! car c'est la derniere.

Nichts geb den Findelkindern ich,
Doch muß Verlornen Trost ich spenden,
Sie sind zu finden sicherlich
In Marions l'Idoles Wänden.
Ein mahnend Wort aus eignem Wissen,
Von Dauer kaum, will ich sie lehren.
Nicht hart noch töricht bleibe ihr Gewissen,
Zum letzten Mal jetzt heißt es hören.

«Beaulx enfans, vous perdez la plus
Belle rose de vo chappeau;
Mes clers pres prenans comme glus,
Se vous allez a Montpipeau
Ou a Rueil, gardez la peau:
Car, pour s'esbatre en ces deux lieux,
Cuidant que vaulsist le rappeau,
Le perdit Colin de Cayeux.

«Ce n'est pas ung jeu de trois mailles,
Ou va corps, et peut estre l'ame.
Qui pert, riens n'y sont repentailles
Qu'on n'en meure a honte et diffame;
Et qui gaigne n'a pas a femme
Dido la royne de Cartage.
L'homme est donc bien fol et infame
Qui, pour si peu, couche tel gage.

«Qu'ung chascun encore m'escoute!
On dit, et il est verité,
Que charterie se boit toute,
Au feu l'yver, au bois l'esté:
S'argent avez, il n'est enté,
Mais le despendez tost et viste.
Qui en voyez vous herité?
Jamais mal acquest ne prouffite.

Gute Lehre Villons an die verlorenen Kinder

Ihr lieben Kinder, Ihr verliert
Die schönste Rose am Barett,
Studentlein, die nach Geld Ihr giert,
Wenn Ihr nach Montpipeau hingeht
Und nach Rueil, wahrt Eure Haut;
Denn weil er dort vergnügt gespielt
Und auf sein Einspruchsrecht vertraut',
Colin Cailleux sie nicht behielt.

Dort geht ein Spiel nicht um drei Pfennig,
Leib dort, leicht Seele läuft Gefahren.
Verlierst Du, hilft Dir Reue wenig,
Schmachvollen Tod mußt Du bewahren.
Wer g'winnt, der wird mit Dido paaren
Sich nicht, Karthagos Königin.
Der Mann ist ehrlos, unerfahren,
Der *so* viel wagt bei *dem* Gewinn.

Hör jeder daher meine Lehren.
Man sagt – die Wahrheit ist schon alt –
Ein Fuder Wein läßt leicht sich leeren
Am Herd im Herbst, im Lenz im Wald,
Wer Geld hat, sorg, daß er's behalt,
Drum gebt es aus mit raschen Händen,
Wen seht als Erben Ihr bestellt?
Unrechtes Gut kann nie gut enden.

Ballade de bonne doctrine à ceux de mauvaise vie

«Car ou soies porteur de bulles,
Pipeur ou hasardeur de dez,
Tailleur de faulx coings et te brusles
Comme ceulx qui sont eschaudez,
Traistres parjurs, de foy vuidez;
Soies larron, ravis ou pilles:
Ou en va l'acquest, que cuidez?
Tout aux tavernes et aux filles.

«Ryme, raille, cymballe, luttes,
Comme fol, fainctif, eshontez;
Farce, broulle, joue des fleustes;
Fais, es villes et es citez,
Farces, jeux et moralitez;
Gaigne au berlanc, au glic, aux quilles:
Aussi bien va, or escoutez!
Tout aux tavernes et aux filles.

«De telz ordures te recules,
Laboure, fauche champs et prez,
Sers et pense chevaux et mulles,
S'aucunement tu n'es lettrez;
Assez auras, se prens en grez.
Mais, se chanvre broyes ou tilles,
Ne tens ton labour qu'as ouvrez
Tout aux tavernes et aux filles?

«Chausses, pourpoins esguilletez,
Robes, et toutes vos drappilles,
Ains que vous fassiez pis, portez
Tout aux tavernes et aux filles.

Ballade guter Lehre

Bist Bullenträger Du hienieden,
Glückwürfelspieler, Waghals auch,
Falschmünzer, dann wird man Dich sieden,
Du stirbst, auch Du, im Flammenrauch.
Verräter, die's zum Meineid trieb,
Und die an Raub und Plünderung denken,
Wo, glaubt Ihr, daß das Gut verblieb?
Alles bei Dirnen, in den Schenken.

Reim, spotte, Laute spiel und Zymbel,
Ein Narr, ein Lügner, frech und glatt,
Treib Possen, flöt, behex die Gimpel,
Schreib für Dörfer und für die Stadt
Farcen, Spiel' und Moritat,
Beim Kegeln, Skat gewinn mit Ränken,
Wohin – merkt auf! geht all der Staat?
Alles zu Dirnen, in die Schenken.

Geh solchem Schmutze aus dem Wege,
Grab, mäh die Wiese und das Feld,
Versieh die Pferde, Mäuler pflege,
Wenn Wissenschaft Dir nicht gefällt.
Hast dann, willst Du es so, genug.
Doch brichst Du Hanf und Bast, dann schenken
Wirst Du, was Dir die Arbeit trug,
Alles den Dirnen in den Schenken?

Tragt Hosen, Wämser, reich benäht,
Und Kleider, Lumpen, ohn Bedenken,
Bevor Ihr Schlimmeres begeht,
Alles zur Dirnen und zu Schenken.

«A vous parle, compaings de galle:
Mal des ames et bien du corps,
Gardez vous tous de ce mau hasle
Qui noircist les gens quant sont mors;
Eschevez le, c'est ung mal mors;
Passez vous au mieulx que pourrez;
Et, pour Dieu, soiez tous recors
Qu'une fois viendra que mourrez.»

Item, je donne aux Quinze Vings
(Qu'autant vauldroit nommer Trois Cens)
De Paris, non pas de Provins,
Car a eulx tenu je me sens;
Ilz auront, et je m'y consens,
Sans les estuys, mes grans lunettes,
Pour mettre a part, aux Innocens,
Les gens de bien des deshonnestes.

Icy n'y a ne ris ne jeu.
Que leur vault il avoir chevances,
N'en grans liz de parement jeu,
Engloutir vins en grosses pances,
Mener joye, festes et dances,
Et de ce prest estre a toute heure?
Toutes faillent telles plaisances,
Et la coulpe si en demeure.

Quant je considere ces testes
Entassees en ces charniers,
Tous furent maistres des requestes,
Au moins de la Chambre aux Deniers,
Ou tous furent portepanniers:
Autant puis l'ung que l'autre dire,
Car d'evesques ou lanterniers
Je n'y congnois rien a redire.

Euch gilt's, Genossen meiner Freuden,
Der Leiber Lust, der Seelen Not,
Wahrt alle Euch, den Brand zu leiden,
Der Menschen schwarz färbt, sind sie tot;
Entschlüpft ihm, s' ist ein übler Tod,
Geht dran vorbei, so gut Ihr wißt,
Und denket alle dran, bei Gott!
Daß eines Tags Ihr sterben müßt.

Item, es soll'n die Quinze-Vingts,
– Trois cents, das gäb den gleichen Sinn –
Die von Paris, nicht von Provins;
Denn ihnen nicht geneigt ich bin;
Sie soll'n ohn Futteral erhalten
Mein' große Brille, ich will's leiden,
Daß in dem Beinhaus sie, dem kalten,
Die Guten von den Schlechten scheiden.

Hier gibt's kein Lachen und kein Spiel.
Was hilft's, daß Reichtum man genossen,
Auf reichem Bett in Schlaf verfiel,
Den dicken Bauch voll Wein gegossen,
Daß man getanzt in Lust und Prassen,
Ob stets genug der Lust man fände?
All solche Freuden muß man lassen,
Und nur die Schuld verbleibt am Ende.

Wenn ich im Beinhaus mir betrachte
Der Schädel aufgehäufte Schicht,
Ein jeder einen Ratsherrn machte,
Zum mindesten am Hofgericht.
Vielleicht warn alle Körbeträger,
Ein jeder kann was andres sagen,
Ob Bischof, ob Laternenpfleger,
Ich würds nicht zu entscheiden wagen.

Et icelles qui s'enclinoient
Unes contre autres en leurs vies,
Desquelles les unes regnoient
Des autres craintes et servies,
La les voy toutes assouvies,
Ensemble en ung tas peslemesle:
Seigneuries leur sont ravies,
Clerc ne maistre ne s'y appelle.

Or sont ilz mors, Dieu ait leurs ames!
Quant est des corps, ilz sont pourris.
Aient esté seigneurs ou dames,
Souef et tendrement nourris
De cresme, fromentee ou riz,
Leurs os sont declinez en pouldre,
Auxquelz ne chault d'esbatz ne ris.
Plaise au doulx Jhesus les absouldre!

Aux trespassez je fais ce laiz,
Et icelluy je communique
A regens, cours, sieges, palaiz,
Hayneurs d'avarice l'inique,
Lesquelz pour la chose publique
Se seichent les os et les corps:
De Dieu et de saint Dominique
Soient absols quant seront mors!

Item, riens a Jacquet Cardon,
Car je n'ay riens pour luy d'honneste,
Non pas que le gette habandon,
Sinon ceste bergeronnette;
S'elle eust le chant «Marionnette»,
Fait pour Marion la Peautarde,
Ou d' «Ouvrez vostre huys, Guillemette»,
Elle allast bien a la moustarde:

Die Damen, die in ihrem Leben
Sich vornehm voreinander neigten
Und Kronen trugen, sie, daneben,
Die ihnen Furcht und Dienst bezeigten,
Sie, wie sie alle still dort liegen.
Vereint in eines Knäuels Haufen.
Von ihrer Macht sie niederstiegen.
Wer will sich Clerc hier, Meister taufen?

Sind tot, Gott mög die Seelen wahren!
Der Leib ging längst in Fäulnis ein.
Ob Herren sie, ob Damen waren,
Genährt von Speisen zart und fein,
Von Sahne, Reis und Weizenbrei'n,
Die Knochen sind in Staub zerfallen,
Die kümmern keine Tändelein,
Verzeihe, süßer Heiland, allen!

Den Toten laß ich dies Legat.
Ich will es jene wissen lassen,
Die, König, Richter, Fürst, Prälat,
Die schnöde Habsucht grimmig hassen
Und Fleisch und Bein vertrocknen lassen,
Zu helfen der gemeinen Not;
Mög ihnen ihre Schuld erlassen
Gott und Sankt Dominik im Tod.

Item, nichts für Jacquet Cardon,
Hab nichts, was ich ihm schicklich find,
Nicht weil ich ihn vergäße schon,
Nichts außer diesem Schäferkind:
Säng man es wie »Marionette«
Zu Marion La Peautarde's Ehre
Und wie »Mach auf mir, Guillemette«,
Ein rechtes Senfliedlein es wäre.

Chanson

Au retour de dure prison,
Ou j'ai laissié presque la vie,
Se Fortune a sur moy envie,
Jugiez s'elle fait mesprison!
Il me semble que, par raison,
Elle deust bien estre assouvie
Au retour.

Se si plaine est de desraison
Que vueille que du tout devie,
Plaise a Dieu que l'ame ravie
En soit lassus en sa maison,
Au retour!

Chanson

Kehr ich zurück aus harter Haft,
Darin ich fast verlor das Leben,
Macht mich Fortunas Neid erbeben;
Urteilt, welch Leid sie mir verschafft.
Ich mein, klug wär's, ihr Groll erschlafft,
Daß sie zufrieden sich müßt geben,
Kehr ich zurück.

Ist sie so voll von Unvernunft,
Daß schwinden soll mein Leben,
Mög Gott die Seele aufwärts heben,
Zu seines Himmels Unterkunft,
Kehr ich zurück.

Item, donne a maistre Lomer,
Comme extraict que je suis de fee,
Qu'il soit bien amé (mais d'amer
Fille en chief ou femme coeffee,
Ja n'en ayt la teste eschauffee)
Et qu'il ne luy couste une noix
Faire ung soir cent fois la faffee,
En despit d'Ogier le Danois.

Item, donne aux amans enfermes,
Sans le laiz maistre Alain Chartier,
A leurs chevez, de pleurs et lermes
Trestout fin plain ung benoistier,
Et ung petit brain d'esglantier,
Qui soit tout vert, pour guipillon,
Pourveu qu'ilz diront ung psaultier
Pour l'ame du povre Villon.

Item, a maistre Jacques James,
Qui se tue d'amasser biens,
Donne fiancer tant de femmes
Qu'il vouldra; mais d'espouser? riens.
Pour qui amasse il? Pour les siens?
Il ne plaint fors que ses morceaulx:
Ce qui fut aux truyes, je tiens
Qu'il doit de droit estre aux pourceaulx.

Item, sera le Seneschal,
Qui une fois paya mes debtes,
En recompence, mareschal
Pour ferrer oes et canettes.
Je luy envoie ces sornettes
Pour soy desennuyer; combien,
S'il veult, face en des alumettes:
De bien chanter s'ennuye on bien.

Item, ich wünsch dem Herrn Lomer,
Da ich aus Feenleib entstamme,
Daß man ihn lieb, doch nicht, daß er
An Fraun mit Hüten sich entflamme
Und Mädchen nicht, die barhaupt gehen,
Und daß ihm, nachts, kost keine Nuß,
Mag Ogier auch scheel drum sehen,
Zu schenken hundertmal Genuß.

Item, die Liebeskranken sollen
Nebst Alain Chartiers Lais, am Bett,
Von heißen Tränen einen vollen
Weihkessel haben, ein Bukett
Von Rosenzweigen auch, das nett
Und grün als Wedel dienen könnt,
Doch sei von ihnen ein Gebet
Des armen Villon Seel vergönnt.

Jacques James will ich's Recht zusprechen,
– Er plagt sich tot, so heimst er ein –
Sich allen Frauen zu versprechen,
Doch sie zu freien, darf nicht sein.
Wem rafft er? Seinen Kinderlein.
Er jammert stets nur um sein Gut;
Doch was der Sau gebührt, ich mein,
Tut auch mit Recht den Ferkeln gut.

Item, zum Dank, den Senechal,
Der meine Schuld hat abgetragen,
Als Hufschmied ich hiermit bestall,
Um Gänse, Enten zu beschlagen.
Daß er sich löse vom Verdrusse,
Schickt ich ihm, was ich hier geschwätzt;
Mach er daraus sich Fidibusse:
Selbst schöner Sang langweilt zuletzt.

Item, au Chevalier du Guet
Je donne deux beaulx petiz pages,
Philebert et le gros Marquet,
Qui tres bien servy, comme sages,
La plus partie de leurs aages,
Ont le prevost des mareschaulx.
Helas! s'ilz sont cassez de gages,
Aller les fauldra tous deschaulx.

Item, a Chappelain je laisse
Ma chappelle a simple tonsure,
Chargiee d'une seiche messe
Ou il ne fault pas grant lecture.
Resigné luy eusse ma cure,
Mais point ne veult de charge d'ames;
De confesser, ce dit, n'a cure,
Sinon chamberieres et dames.

Pour ce que scet bien mon entente
Jehan de Calais, honnorable homme,
Qui ne me vit des ans a trente
Et ne scet comment je me nomme,
De tout ce testament, en somme,
S'aucun y a difficulté,
Oster jusqu'au rez d'une pomme
Je luy en donne faculté.

De le gloser et commenter,
De le diffinir et descripre,
Diminuer ou augmenter,
De le canceller et prescripre
De sa main et ne sceut escripre,
Interpreter et donner sens,
A son plaisir, meilleur ou pire:
A tout cecy je m'y consens.

Item, dem Wachherrn sei'n verehrt
Zwei Pagen, schöne kleine Knaben,
Der dicke Marc und Philibert,
Die stets nur brav und wacker haben
Bei Pferdeknechten sich gehalten
Fast ihre ganze Lebenszeit.
Ach! Wenn sie keinen Lohn erhalten,
Dann müssen barfuß gehen beid.

Item, es soll Chapelain erhalten
Mein Alterspfründlein, ohne Weihen,
Hat trockne Messen nur zu halten,
Für die's nicht braucht viel Lesereien.
Würd gern mein Pfarramt ihm vertrauen,
Wollt er zur Seelsorg sich bequemen,
Doch will er, sagt er, Kammerfrauen
Und Damen nur zur Beichte nehmen.

Weil meine Absicht hat erfahren
Jean de Calais, ein Mann von Werte,
Der mich nicht sah seit dreißig Jahren,
Und den ich, wie ich heiß, nicht lehrte,
Von diesem Testament darf gerne,
Falls jemand Schwierigkeiten brächt,
Er alles, bis zum Apfelkerne,
Abstreichen. Geb ihm dieses Recht.

Wie er's glossiert und kommentiert,
Was er mag streichen, was vermehren,
Wie er's beschreibt und definiert,
Wie er's kopiern läßt und verjähren,
Es deutet, könnt er auch nicht schreiben,
Wie's ihm gefällt, sei's gut, sei's schlecht,
Was immer mag an Sinn verbleiben,
Ich gebe ihm in allem recht.

Et s'aucun, dont n'ay congnoissance,
Estoit allé de mort a vie,
Je vueil et luy donne puissance,
Affin que l'ordre soit suyvie,
Pour estre mieulx parassouvie,
Que ceste aumosne ailleurs transporte,
Sans se l'appliquer par envie:
A son ame je m'en rapporte.

Item, j'ordonne a Sainte Avoye,
Et non ailleurs, ma sepulture;
Et, affin que chascun me voie,
Non pas en char, mais en painture,
Que l'on tire mon estature
D'ancre, s'il ne coustoit trop chier.
De tombel? riens: je n'en ay cure.
Car il greveroit le planchier.

Item, vueil qu'autour de ma fosse
Ce qui s'ensuit, sans autre histoire,
Soit escript en lettre assez grosse,
Et qui n'auroit point d'escriptoire,
De charbon ou de pierre noire,
Sans en riens entamer le plastre;
Au moins sera de moi memoire,
Telle qu'elle est d'ung bon follastre:

Sollt einer, ohn daß ichs erfahre,
Gegangen sein aus diesem Leben,
Will ich, damit man schön verfahre
In Ordnung, ihm die Vollmacht geben,
Daß, dies Almosen zu erfüllen,
Er einen anderen erwähle,
Doch nichts für sich behalt im Stillen.
Auf seine Ehrlichkeit ich zähle.

In Sainte-Avoie legt mich zu Grabe,
Und nicht woanders, dies ich heische.
Daß jeder mich vor Augen habe.
Zwar nur im Bilde, nicht im Fleische,
Soll meines Leibs Gestalt man zeichnen
Mit Tinte, wärs zu teuer nicht.
Ein Grabstein? Nein! Würd mich nicht eignen:
Zu schwer dem Grund wär sein Gewicht.

Item, ich will, auf meinem Grabe
Soll stehn, in ziemlich großen Zügen,
Nur was ich hier geschrieben habe.
Fehlt andres Schreibzeug, mag genügen
Ein Kohlenstift, ein schwarzer Stein,
Doch mög den Gips man nicht zerreiben!
Erinnrung wird von mir, ich mein,
Als eines wackren Schelmen bleiben.

EPITAPHE

CY GIST ET DORT EN CE SOLLIER,
QU'AMOURS OCCIST DE SON RAILLON,
UNG POVRE PETIT ESCOLLIER,
QUI FUT NOMMÉ FRANÇOYS VILLON.
ONCQUES DE TERRE N'EUT SILLON.
IL DONNA TOUT, CHASCUN LE SCET:
TABLES, TRESTEAULX, PAIN, CORBEILLON.
GALLANS, DICTES EN CE VERSET:

Rondeau

Repos eternel donne a cil,
Sire, et clarté perpetuelle,
Qui vaillant plat ni escuelle
N'eut oncques, n'ung brain de percil.
Il fut rez, chief, barbe et sourcil,
Comme ung navet qu'on ret ou pelle.
Repos eternel donne a cil.

Rigueur le transmit en exil
Et luy frappa au cul la pelle,
Non obstant qu'il dit: «J'en appelle!»
Qui n'est pas terme trop subtil.
Repos eternel donne a cil.

Grabschrift

IN DIESER KAMMER LIEGT IM SCHLAF
EIN KLEINER ARMER SCHÜLERFANT,
DEN AMORS PFEIL ZU TODE TRAF,
FRANÇOIS VILLON WAR ER GENANNT.
ER HATTE KEINE FURCHE LAND,
GAB JEDES DING, WER WEISS DAS NICHT,
BROT, KORB, BANK, TISCHE AUS DER HAND.
GEFÄHRTEN, IHR, SPRECHT DIES GEDICHT:

Rondeau

Gib diesem, Herr, die ewige Ruh
Und ewiges Licht in Deinem Saale.
Kein Näpflein hatt er, wie's doch Sitte,
Kein Petersilienblatt dazu.
Nicht Bart, nicht Brau'n, war kahl dazu,
'Ner Rübe gleich, die glatt man schnitte.
Gib ihm, o Herr, die ewige Ruh.

Gesetz sprach ihm Verbannung zu,
Gab ins Gesäß ihm manche Tritte,
Obwohl er sprach: »Um Recht ich bitte«.
Kein feines Ende fiel ihm zu.
Gib ihm, o Herr, die ewige Ruh.

Item, je vueil qu'on sonne a bransle
Le gros beffroy, qui est de voirre;
Combien qu'il n'est cuer qui ne tremble,
Quant de sonner est a son erre.
Sauvé a mainte bonne terre,
Le temps passé, chascun le scet:
Fussent gens d'armes ou tonnerre,
Au son de luy, tout mal cessoit.

Les sonneurs auront quatre miches
Et, se c'est peu, demye douzaine;
Autant n'en donnent les plus riches,
Mais ilz seront de saint Estienne.
Vollant est homme de grant paine:
L'ung en sera; quant g'y regarde,
Il en vivra une sepmaine.
Et l'autre? Au fort, Jehan de la Garde.

Pour tout ce fournir et parfaire,
J'ordonne mes executeurs,
Auxquels fait bon avoir affaire
Et contentent bien leurs debteurs.
Ilz ne sont pas moult grans vanteurs
Et ont bien de quoy, Dieu mercis!
De ce fait seront directeurs.
Escry: je t'en nommerai six.

C'est maistre Martin Bellefaye,
Lieutenant du cas criminel.
Qui sera l'autre? G'y pensoye:
Ce sera sire Colombel;
S'il luy plaist et il luy est bel,
Il entreprendra ceste charge.
Et l'autre? Michiel Jouvenel.
Ces trois seulz, et pour tout, j'en charge.

Die große Glocke soll erschallen,
So will ich's, die nicht gläsern klinget,
Mag auch das Herz erzittern allen,
Wenn ihr Geläut die Luft durchdringet.
Sie war manch schönen Landes Retter,
Wie jeder weiß, in alter Zeit;
War's Kriegsvolk, war es böses Wetter,
Wo sie erklang, wich alles Leid.

Vier Brote soll'n die Glöckner haben,
Auch sechs, wenn sie's zu wenig schelten.
Soviel die Reichsten niemals gaben;
Aus Stein, so wie sie Stephan fällten.
Volland muß immer viel entbehren,
Er läute mit. Wie ich's betrachte,
Könnt er 'ne Woche sich dran nähren.
Wer noch? Jean de la Garde, ich dachte.

Um all dieses zu versehen,
Schau ich nach den Vollstreckern um,
Leicht ist mit ihnen umzugehen,
Ihr' Schuldner sind zufrieden drum.
Gar große Prahler sind sie nicht,
Reich sind, bei Gott, sie sicherlich.
Sie sind die Leiter der Geschicht.
Schreib auf! Sechs will ernennen ich.

Martin Bellefaye ist mein Mann,
Der Oberste vom Kriminal,
Wer ist der zweite? Dacht schon daran,
Wer anders als Herr Colombal.
Wenn ihm gefällt der schöne Fall,
Nimmt er ihn wohl zu seinen Händen.
Der dritte, Michel Jouvenal.
Bei diesen Drein laß ich's bewenden.

Mais, ou cas qu'ilz s'en excusassent,
En redoubtant les premiers frais,
Ou totallement recusassent,
Ceulx qu s'enssuivent cy après
Institue, gens de bien tres:
Phelip Brunel, noble escuyer,
Et l'autre, son voisin d'emprès,
Si est maistre Jaques Raguier,

Et l'autre, maistre Jaques James,
Trois hommes de bien et d'onneur,
Desirans de sauver leurs ames
Et doubtans Dieu Nostre Seigneur.
Plus tost y mettroient du leur
Que ceste ordonnance ne baillent;
Point n'auront de contrerolleur,
Mais a leur bon plaisir en taillent.

Des testamens qu'on dit le Maistre
De mon fait n'aura *quid* ne *quod*;
Mais ce sera ung jeune prestre,
Qui est nommé Thomas Tricot.
Voulentiers beusse a son escot,
Et qu'il me coustast ma cornete!
S'il sceust jouer a ung tripot,
Il eust de moy *le Trou Perrete*.

Quant au regart du luminaire,
Guillaume du Ru j'y commetz.
Pour porter les coings du suaire,
Aux executeurs le remetz.
Trop plus mal me font qu'onques mais
Barbe, cheveulx, penil, sourcis.
Mal me presse, temps desormais
Que crie a toutes gens mercis.

Doch falls sie sich entschuldigen wollten,
Weil sie die ersten Kosten scheun,
Und gänzlich sich versagen sollten,
Will ich die folgenden betreun:
Von bestem Ruf ist jeder Mann,
Philipp Brunel, ein edler Herr,
Und der als Nachbar ihm wohnt an,
Jacques Raguier, der zweite wäre.

Herr Jacques James sei der dritte,
Drei Männer, hoch an Wert und Ehrn.
Um Seelenheil geht ihre Bitte
Zu Gott, in frommer Furcht des Herrn.
Viel lieber gäben sie das letzt,
Als daß dem Ruf sie sich entzögen,
Kein Merker ihnen ist gesetzt,
Sie solln entscheiden, wie sie mögen.

Der Oberste der Testamente
Erhält von mir nicht quid noch quod,
Doch einem Priester ich was spende,
Jung noch, genannt Thomas Tricot.
Ich tränke, zahlt er's, gern und viel,
Sollt auch mein Mützen ich verlieren!
Ich würd, verständ er sich aufs Spiel,
»Perettes Loch« ihm dedizieren.

Der Totenkerzen möge walten
Guillaume Duru, ich wünsche das;
Des Grabtuchs Zipfel festzuhalten
Ich den Vollstreckern überlaß.
Viel ärger schmerzen mich als je
Die Brauen, Haare, Bart und Glied;
Weh quält mich. Zeit ist's, ich erfleh,
Daß jeder Mitleid mir entbiet.

Ballade par laquelle Villon crye mercy à chacun

A Chartreux et a Celestins,
A Mendians et a Devotes,
A musars et claquepatins,
A servans et filles mignotes
Portans surcotz et justes cotes,
A cuidereaux d'amours transsis
Chaussans sans meshaing fauves botes,
Je crie a toutes gens mercis.

A filletes monstrans tetins
Pour avoir plus largement d'ostes,
A ribleurs, mouveurs de hutins,
A bateleurs, traynans marmotes,
A folz, folles, a sotz et sotes,
Qui s'en vont siflant six a six,
A marmosetz et mariotes,
Je crie a toutes gens mercis.

Sinon aux traistres chiens matins,
Qui m'ont fait chier dures crostes
Maschier mains soirs et mains matins,
Qu'ores je ne crains pas trois crotes.
Je feisse pour eulx petz et rotes;
Je ne puis, car je suis assis.
Au fort, pour eviter riotes,
Je crie a toutes gens mercis.

Qu'on leur froisse les quinze costes
De gros mailletz, fors et massis,
De plombees et telz pelotes.
Je crie a toutes gens mercis.

Ballade, in der Villon alle um Erbarmen fleht

Kartäuser Ihr und Cölestiner,
Ihr Bettelmönche, fromme Weiber,
Maulaffen, Stiefelklapper, Diener,
Ihr lieben Mädchen, deren Leiber
In engem Rock und Mieder stecken,
Geck Du, den, liebeskrank, ich seh
Den Fuß im Gelbschuh stolz verstecken,
Um Mitleid ich zu allen fleh.

Ihr Dirnchen mit den Brüsten frei,
Um Männer besser zu verführen,
Nachtschwärmer Ihr, voll von Geschrei,
Ihr Gaukler mit den Murmeltieren,
Ihr Narrn und Närrinnen, Gelichter,
Die, fünf und sechs, ich pfeifen seh,
Ihr Bübchen, Mädchen, kleine Lichter,
Um Mitleid ich zu allen fleh.

Nicht zu den falschen Hunden, sie,
Die früh und spät mich kauen ließen
Viel Tage harte Krusten, die
So wenig mich wie Mist verdrießen,
Gern furzt und rülpste ich vor ihnen,
Ich kanns nicht, da ich sitz, o weh!!
Doch wozu soll das Zanken dienen,
Um Mitleid ich zu allen fleh.

Ihr fünfzig Rippen soll man splittern
Mit schweren Hämmern, je und je,
Mit bleiernen Keulen sie zerknittern.
Um Mitleid ich zu allen fleh.

Ballade pour servir de conclusion

Icy se clost le testament
Et finist du pauvre Villon.
Venez a son enterrement,
Quant vous orrez le carrillon,
Vestus rouge com vermillon,
Car en amours mourut martir
Ce jura il sur son couillon,
Quant de ce monde voult partir.

Et je croy bien que pas n'en ment;
Car chassié fut comme ung souillon
De ses amours hayneusement,
Tant que d'icy a Roussillon,
Brosse n'y a ne brossillon
Qui n'eust, ce dit il sans mentir,
Ung lambeau de son cotillon,
Quant de ce monde voult partir.

Il est ainsi et tellement,
Quant mourut n'avoit qu'ung haillon;
Qui plus, en mourant, mallement
L'espoignoit d'Amours l'esguillon;
Plus agu que le ranguillon
D'ung baudrier luy faisoit sentir
(C'est de quoy nous esmerveillon),
Quant de ce monde voult partir.

Prince, gent comme esmerillon,
Sachiez qu'il fist au departir:
Ung traict but de vin morillon,
Quant de ce monde voult partir.

Schlußballade

Hier schließt sich nun und geht zu End
Des armen Villon Testament.
Kommt hin, wo man ihn trägt zur Gruft,
Wenn Euch das Sterbeglöckchen ruft,
Gekleidet wie von Purpur rot,
Er starb der Liebe Martertod.
Den Schwur tat er bei seinem Glied,
Als er von dieser Erde schied.

Ich glaub es wohl, er lügt Euch nicht;
Denn fortgejagt wie einen Wicht
Hat seine Liebste ihn voll Zorn,
Also, daß keines Busches Dorn
Von Roussillon wächst bis hierher,
An dem – er sagt kein' Lügenmär –
Nicht seines Mantels Fetzen hing,
Als er von dieser Erde ging.

So ist's: als kam des Todes Zeit,
Besaß er nur ein Lumpenkleid.
Ja, noch in seiner Todesstund
Stach Amors Stachel bös ihn wund,
Der schärfer ihm den Leib zerriß,
Denn eines Widerhakens Biß,
– Verwunderlich sind solche Ding –
Als er von dieser Erde ging.

Prinz, wie der Edelfalke fein,
Wißt, daß er in der Abschiedsstund
Tat einen Schluck von rotem Wein,
Als er verließ der Erde Rund.

Poésies diverses

Vermischte Gedichte

I. – *Ballade de bon conseil*

Hommes faillis, bersaudez de raison,
Desnaturez et hors de congnoissance,
Desmis du sens, comblez de desraison,
Fols abusez, plains de descongnoissance,
Qui procurez contre vostre naissance,
Vous soubzmettans a detestable mort
Par lascheté, las! que ne vous remort
L'orribleté qui a honte vous maine?
Voyez comment maint jeunes homs est mort
Par offenser et prendre autruy demaine.

Chascun en soy voye sa mesprison,
Ne nous venjons, prenons en pacience;
Nous congnoissons que ce monde est prison:
Aux vertueux franchis d'impatience
Battre, rouiller, pour ce n'est pas science,
Tollir, ravir, piller, meurtrir a tort.
De Dieu ne chault, trop de verté se tort
Qui en telz faiz sa jeunesse demaine,
Dont a la fin ses poins doloreux tort
Par offenser et prendre autruy demaine.

Que vault piper, flater, rire en trayson,
Quester, mentir, affermer sans fiance,
Farcer, tromper, artifier poison,
Vivre en pechié, dormir en deffiance
De son prouchain sans avoir confiance?
Pour ce conclus: de bien faisons effort,
Reprenons cuer, ayons en Dieu confort,
Nous n'avons jour certain en la sepmaine;
De nos maulx ont noz parens le ressort
Par offenser et prendre autruy demaine.

I. Ballade guten Rates

Verkommne Ihr, verlassen von Vernunft,
Entartet und der Einsicht ganz entrissen,
Des Sinns beraubt, erfüllt von Unvernunft,
Getäuschte Narrn, die ihr, fern jedem Wissen
Um Eure Herkunft Euch macht kein Gewissen,
Weil Ihr Euch unterwerft verruchtem Tod
Aus Feigheit, ach! Da Euch nur Schande droht,
Durch solches Graun, spürt Ihr nicht Reuequalen?
Seht, wie viel junge Menschen sind schon tot
Durch Frevel, und weil fremdes Gut sie stahlen.

Schau jeder in sich, wie ihn Irrtum hält,
Übt Rache nicht, laßt von Geduld Euch leiten;
Wir wissen: ein Gefängnis ist die Welt
Den Guten, den von Aufruhrwut Befreiten,
Die Kampf und Streit – weil doch nur Eitelkeiten –
Und Stehlen, Plündern, Morden Unrecht dünkt.
An Gott nicht denkt, um Wahrheit der sich bringt,
Wer jung, an solchen Taten hat Gefallen,
Drob man zuletzt die Hände schmerzlich ringt,
Durch Frevel, und weil fremdes Gut sie stahlen.

Was schwindelt, schmeichelt, lacht ihr mit Verrat,
Was bettelt, lügt und schwört ihr ohn Vertrauen,
Was gaukelt, täuscht und sät ihr giftige Saat,
Lebt ihr in Sünden, schlafet in Mißtrauen,
Weil ihr nicht wißt, ob euren Nachbarn trauen?
Drum schließ ich: richt aufs Gute deine Pflicht,
Faß Mut und stell auf Gott dein' Zuversicht,
Nie sind wir sicher vor des Todes Qualen;
Die Eltern schlägt, wer böse Tat verbricht
Durch Frevel, und weil fremdes Gut wir stahlen.

*V*ivons en paix, exterminons discort;
*I*eunes et vieulx, soyons tous d'ung accort:
*L*a loy le veult, l'apostre le ramaine
*L*icitement en l'epistre rommaine;
*O*rdre nous fault, estat ou aucun port.
*N*otons ces poins; ne laissons le vray port
Par offenser et prendre autruy demaine.

II. – *Ballade des proverbes*

Tant grate chievre que mal gist,
Tant va le pot a l'eaue qu'il brise,
Tant chauffe on le fer qu'il rougist,
Tant le maille on qu'il se debrise,
Tant vault l'homme comme on le prise,
Tant s'eslongne il qu'il n'en souvient,
Tant mauvais est qu'on le desprise,
Tant crie l'on Noel qu'il vient.

Tant parle on qu'on se contredist,
Tant vault bon bruyt que grace acquise,
Tant promet on qu'on s'en desdist,
Tant prie on que chose est acquise,
Tant plus est chiere et plus est quise,
Tant la quiert on qu'on y parvient,
Tant plus commune et moins requise,
Tant crie l'on Noel qu'il vient.

Laßt friedlich leben uns, vermeiden Streit;
Laßt, jung und alt, uns sein in Einigkeit;
Gesetz verlangt's, der Jünger sagt es allen
Mit Recht im Römerbrief. Laßt's euch gefallen:
Not sind uns Ordnung, Ruh, Beständigkeit,
Verlassen wir nicht wahre Sicherheit
Durch Frevel, und weil fremdes Gut wir stahlen.

II. Ballade der Sprichwörter

So lang, bis bös sie daliegt, kratzt die Geiß,
Zum Wasser geht der Krug, bis er muß brechen,
Das Eisen schmiedet man, solang es heiß,
Man schlägt den Hammer drauf bis zum Zerbrechen,
Der Mensch ist so viel wert, wie man ihn achtet,
Er schweift so weit, bis er vergißt, was nah,
So lang ist bös er, bis man ihn verachtet,
So lange schreit man Weihnacht, bis sie da.

Man spricht so lang, bis man sich widerspricht,
So viel gilt Ruhm, wie man sich Gunst erworben,
So viel verspricht man, bis man ab es spricht,
So lange fleht man, bis man's hat erworben.
Am meisten wird ums Teuerste geworben,
Solange sucht man, bis das Ziel ist da,
Je häuf'ger, umso weniger umworben,
So lange schreit man Weihnacht, bis sie da.

Tant ayme on chien qu'on le nourrist,
Tant court chanson qu'elle est apprise,
Tant garde on fruit qu'il se pourrist,
Tant bat on place qu'elle est prise,
Tant tarde on que faut entreprise,
Tant se haste on que mal advient,
Tant embrasse on que chiet la prise,
Tant crie l'on Noel qu'il vient.

Tant raille on que plus on n'en rit,
Tant despent on qu'on n'a chemise,
Tant est on franc que tout y frit,
Tant vault «tien» que chose promise,
Tant ayme on Dieu qu'on suit l'Eglise,
Tant donne on qu'emprunter convient,
Tant tourne vent qu'il chiet en bise,
Tant crie l'on Noel qu'il vient.

Prince, tant vit fol qu'il s'avise,
Tant va il qu'après il revient,
Tant le mate on qu'il se ravise,
Tant crie l'on Noel qu'il vient.

Man liebt den Hund, so lang man stopft sein Maul,
Das Lied läuft um, bis daß es alle kennen,
Man spart das Obst so lange, bis es faul,
Bis daß sie fällt, muß man die Stadt berennen,
Mit Löschen wartet man, bis nach dem Brennen,
Durch große Hast manch Unglück schon geschah,
Der Fuchs nach allen griff, fort sind die Hennen,
So lange schreit man Weihnacht, bis sie da.

Man scherzt so lang, bis niemand mehr drum lacht,
So lang rollt's Geld, bis Hemden Dir gebrechen,
So lange ist man frei, bis alles kracht,
Das Deine gilt so lang, wie Dein Versprechen,
Gott liebt so lang man, wie zur Kirch man geht,
Man gibt so lange, wie das Leihamt nah,
Der Wind dreht sich so lang, bis Wolken brechen,
So lange schreit man Weihnacht, bis sie da.

Fürst, lange braucht der Narr, sich zu besinnen,
Erst läuft er weg, dann ist er wieder nah,
Setzt man ihn matt, dann erst kommt er zu Sinnen,
So lange schreit man Weihnacht, bis sie da.

III. – *Ballade des menus propos*

Je congnois bien mouches en let,
Je congnois a la robe l'homme,
Je congnois le beau temps du let,
Je congnois au pommier la pomme,
Je congnois l'arbre a veoir la gomme,
Je congnois quant tout est de mesmes,
Je congnois qui besongne ou chomme,
Je congnois tout, fors que moy mesmes.

Je congnois pourpoint au colet,
Je congnois le moyne a la gonne,
Je congnois le maistre au varlet.
Je congnois au voille la nonne,
Je congnois quant pipeur jargonne,
Je congnois fols nourris de cresmes,
Je congnois le vin a la tonne,
Je congnois tout, fors que moy mesmes.

Je congnois cheval et mulet,
Je congnois leur charge et leur somme,
Je congnois Bietris et Belet,
Je congnois get qui nombre et somme,
Je congnois vision et somme,
Je congnois la faulte des Boesmes,
Je congnois le povoir de Romme,
Je congnois tout, fors que moy mesmes.

Prince, je congnois tout en somme,
Je congnois coulourez et blesmes,
Je congnois Mort qui tout consomme,
Je congnois tout, fors que moy mesmes.

III. Ballade der kurzen Redensarten

Ich kenne gut die Flieg im Rahm,
Ich kenn den Mann an seinem Kleid,
Ich kenn den Apfel an dem Stamm,
Ich kenn Gut- und Schlechtwetterzeit,
Ich kenn den Baum am harzigen Schaft,
Ich kenn des Ganzen Gleichgewicht,
Ich kenn, wer feiert und wer schafft,
Ich kenne alles, mich nur nicht.

Ich kenn das Wams am Kragensitz,
Ich kenn den Mönch an seiner Gonne,
Ich kenn den Meister an seinem Fritz,
Ich kenn am Schleiertuch die Nonne,
Ich kenn den Dieb am Gaunertone,
Ich kenn den Narrn am Breigesicht,
Ich kenn den Wein schon an der Tonne,
Ich kenne alles, mich nur nicht.

Ich kenn das Maultier und das Pferd,
Ich kenne ihre Last und Lade,
Ich kenn der Würfel Zahl und Wert,
Ich kenne Bice und Beate,
Ich kenne Bild und Traum der Nacht,
Ich kenn, wie falsch der Böhme spricht,
Ich kenne Rom in seiner Macht,
Ich kenne alles, mich nur nicht.

Fürst, alles kenn ich überhaupt,
Ich kenne rot und bleich Gesicht,
Ich kenn den Tod, der alles raubt,
Ich kenne alles, mich nur nicht.

IV. – *Ballade des contre-vérités*

Il n'est soing que quant on a fain,
Ne service que d'ennemy,
Ne maschier qu'ung botel de foing,
Ne fort guet que d'homme endormy,
Ne clemence que felonnie,
N'asseurence que de peureux,
Ne foy que d'homme qui regnie,
Ne bien conseillé qu'amoureux.

Il n'est engendrement qu'en boing,
Ne bon bruit que d'homme banny,
Ne ris qu'après ung coup de poing,
Ne lotz que debtes mettre en ny,
Ne vraye amour qu'en flaterie,
N'encontre que de maleureux,
Ne vray rapport que menterie,
Ne bien conseillé qu'amoureux.

Ne tel repos que vivre en soing,
N'honneur porter que dire: «Fi!»,
Ne soy vanter que de faulx coing,
Ne santé que d'homme bouffy,
Ne hault vouloir que couardie,
Ne conseil que de furieux,
Ne doulceur qu'en femme estourdie,
Ne bien conseillé qu'amoureux.

*V*oulez vous que verté vous die?
*I*l n'est jouer qu'en maladie,
*L*ettre vraye que tragedie,
*L*asche homme que chevalereux,
*O*rrible son que melodie.
*N*e bien conseillé qu'amoureux.

IV. Ballade der falschen Wahrheiten

Durst gibt's nur, wenn man Hunger hat,
Nutz immer nur vom Feinde kam,
Man kaut nur gern, steht Heu parat,
Der Schläfer nur wacht aufmerksam,
Verrat nur Milde weiß zu üben,
Nur wer sich fürchtet, ist voll Mut,
Treu ist nur, wer verriet, geblieben,
Nur der Verliebte rät Dir gut.

Das Zeugen nur im Bad gelingt,
Ruhm wird nur dem, den man vertrieb,
Ein Faustschlag nur zum Lachen bringt,
Lob erntet nur, wer schuldig blieb,
Wahr klingt nur Lieb aus Schmeichlermunde,
Im Unglück nur sich Glück auftut,
Die Lüge nur gibt wahre Kunde,
Nur der Verliebte rät Dir gut.

Nur Ruhe hat, wer Sorge trägt,
Nur Ehre gibt, wer schilt und schmäht,
Es rühmt sich nur, wer Falschgeld prägt,
Gesund nur, wessen Bauch sich bläht,
Nur Feigheit zeugt von edlem Mute,
Besonnen rät nur, wer in Wut,
Süß Frauen nur von leichtem Blute,
Nur der Verliebte rät Dir gut.

Wollt Wahrheit Ihr von mir beziehen:
Spiel ist in Krankheit nur gediehen.
Wahres steht nur in Tragödien,
Die Memme nur zeigt Rittermut,
Nur wüst Getön schafft Melodien,
Nur der Verliebte rät Dir gut.

V. – *Ballade contre les ennemis de la France*

Rencontré soit de bestes feu getans,
Que Jason vit, querant la toison d'or;
Ou transmué d'homme en beste sept ans,
Ainsi que fut Nabugodonosor;
Ou perte il ait et guerre aussi villaine
Que les Troyens pour la prinse d'Helaine;
Ou avallé soit avec Tantalus
Et Proserpine aux infernaulx palus;
Ou plus que Job soit en griefve souffrance,
Tenant prison en la tour Dedalus,
Qui mal vouldroit au royaulme de France!

Quatre mois soit en ung vivier chantans,
La teste au fons, ainsi que le butor;
Ou au Grant Turc vendu deniers contans,
Pour estre mis au harnois comme ung tor;
Ou trente ans soit, comme la Magdalaine,
Sans drap vestir de linge ne de laine;
Ou soit noyé comme fut Narcisus,
Ou aux cheveulx, comme Absalon, pendus
Ou, comme fut Judas, par Desperance;
Ou puist perir comme Simon Magus,
Qui mal vouldroit au royaulme de France!

D'Octovien puist revenir le tems:
C'est qu'on luy coule au ventre son tresor;
Ou qu'il soit mis entre meules flotans
En ung moulin, comme fut saint Victor;
Ou transglouty en la mer, sans aleine,
Pis que Jonas ou corps de la baleine;
Ou soit banny de la clarté Phebus,
Des biens Juno et du soulas Venus,
Et du dieu Mars soit pugny a oultrance,

V. Gegen die Verleumder Frankreichs

Dem sollen wilde Tiere Feuer spei'n,
Wie Jason sie auf Fahrt zum Goldvlies sah,
In Tiergestalt soll sieben Jahr er sein,
Wie einst Nebukadnezar es geschah,
Er geh zu Grund, in bösem Krieg zerschlagen,
Wie Troja ihn um Helena ertragen.
Verschlungen soll er sein mit Tantalus
Und mit Proserpina im Höllenfluß,
Leid, schwerer als das Hiobs ihn erreiche,
Er schmacht in Haft im Turm des Dädalus,
Wer übel wollte Frankreichs Königreiche.

Vier Monde lang im Karpfenteich er sing,
Rohrdommel gleich den Kopf zum Grund gewandt,
Dem Großtürk man für Bargeld ihn verding,
Daß wie ein Stier er werd ins Joch gespannt.
Wie Magdalena dreißig Jahr lang bleibe
Er ohne Wäsch und Wolle auf dem Leibe,
So wie Narcissus sei auch er ertränkt,
Wie Absalon am Haare aufgehängt,
Wie Judas, den, verzweifelnd, traf das gleiche,
Des Simon Magus Los sei dem verhängt,
Der Übel wollte Frankreichs Königreiche.

Könnt neu die Zeit Oktavians erstehn,
Göß man mit seinem Gold ihm voll den Bauch,
Windmühlenflügel sollten ihn zerdrehn,
Wie es geschah dem heiligen Victor auch.
Ins Meer sei, ohne Atem, er gezwungen,
Schlimmer als Jonas, den der Wal verschlungen.
Er sei verbannt aus Phöbus' Sonnenstrahl,
Aus Junos Glück und Venus' Freudensaal.
Mars straf ihn hart mit seinem schlimmsten Streiche,

Ainsy que fut roy Sardanapalus,
Qui mal vouldroit au royaulme de France!

Prince, porté soit des serfs Eolus
En la forest ou domine Glaucus;
Ou privé soit de paix et d'esperance:
Car digne n'est de posseder vertus
Qui mal vouldroit au royaulme de France!

Wie's einst den König traf, Sardanapal,
Wer übel wollte Frankreichs Königreiche.

Fürst, tragen soll der Troß des Aeolus
Ihn in den Wald, wo herrscht der Gott Glaukus,
Daß Fried und Hoffnung immer von ihm weiche;
Denn alle Kraft dem Falschen fehlen muß,
Der Übel wollte Frankreichs Königreiche.

VI. – *Rondeau*

Jenin l'Avenu,
Va-t-en aux estuves;
Et toy la venu,
Jenin l'Avenu,

Si te lave nud
Et te baigne es cuves.
Jenin l'Avenu,
Va-t-en aux estuves.

VII. – *Ballade du concours de Blois*

Je meurs de seuf auprès de la fontaine,
Chault comme feu, et tremble dent a dent;
En mon pais suis en terre loingtaine;
Lez ung brasier frissonne tout ardent;
Nu comme ung ver, vestu en president,
Je ris en pleurs et attens sans espoir;
Confort repens en triste desespoir;
Je m'esjouïs et n'ay plaisir aucun;
Puissant je suis sans force et sans povoir,
Bien recueully, debouté de chascun.

VI. Rondeau

Jenin l'Avenu,
Hin zum Bade trott Dich,
Bist Du dort, dann zieh,
Jenin l'Avenu,

Nackt Dich aus und brüh
Und bade Dich im Bottich.
Jenin l'Avenu,
Hin zum Bade trott Dich.

VII. Ballade der Widersprüche

Ich sterb vor Durst ganz nahe bei der Quelle,
Wie Feuer heiß und zittre Zahn an Zahn,
In meinem Land bin ich an ferner Stelle,
Frostschauernd brenne ich am Ofen an,
Nackt wie ein Wurm, als Präses angetan,
In Tränen lach ich, warte hoffnungslos,
Trost finde ich in der Verzweiflung Schoß,
Hab Freude und doch kein Vergnügen dran,
Bin mächtig, aller Macht und Kraft doch bloß,
Beherbergt gut, verjagt von jedermann.

Rien ne m'est seur que la chose incertaine;
Obscur, fors ce qui est tout evident;
Doubte ne fais, fors en chose certaine;
Science tiens a soudain accident;
Je gaigne tout et demeure perdent;
Au point du jour dis: «Dieu vous doint bon soir!»
Gisant envers, j'ay grant paour de cheoir;
J'ay bien de quoy et si n'en ay pas ung;
Eschoitte attens et d'omme ne suis hoir,
Bien recueully, debouté de chascun.

De rins n'ay soing, si mectz toute ma paine
D'acquerir biens et n'y suis pretendent;
Qui mieulx me dit, c'est cil qui plus m'attaine,
Et qui plus vray, lors plus me va bourdent;
Mon amy est, qui me fait entendent
D'ung cigne blanc que c'est ung corbeau noir;
Et qui me nuyst, croy qu'il m'ayde a povoir;
Bourde, verté, au jour d'uy m'est tout un;
Je retiens tout, rien ne sçay concepvoir,
Bien recueully, debouté de chascun.

Prince clement, or vous plaise sçavoir
Que j'entens moult et n'ay sens ne sçavoir:
Parcial suis, a toutes loys commun.
Que sais je plus? Quoy? Les gaiges ravoir,
Bien recueully, debouté de chascun.

Nichts ist mir sichrer als das Ungewisse,
Und dunkel das mir nur, was offenbar,
Hab keinen Zweifel, nur für das Gewisse,
Und Weisheit dünkt mich, was nur Zufall war,
Gewinne stets, verliere immerdar,
Sag früh am Tag: »Gott geb Euch gute Nacht!«
Gelagert rücklings, fürcht zu fallen ich,
Bin reich, ob keinen Heller ich gewann,
Wart auf ein Erbe, doch wer denkt an mich?
Beherbergt gut, verjagt von jedermann.

Ich sorg um nichts und hab doch stets begehret
Nach Geld und Gut und bin mit nichts vergnügt,
Am meisten lobt mich, wer mich baß versehret,
Der Wahrste ist, wer meistens mich betrügt,
Mein Freund, wer meint, ich glaub ihm, wenn er lügt:
Ein weißer Schwan, ein schwarzer Rabe sei;
Wer schädlich mir, der, wähn ich, stünd mir bei,
Trug, Wahrheit schau ich heut als gleiches an,
Merk alles mir, behalt doch nichts dabei,
Beherbergt gut, verjagt von jedermann.

Huldreicher Fürst, erfahr nun Euer Sinn:
Ich fasse viel, unwissend ich doch bin.
Ein Einzelgänger, doch dem Rechte untertan.
Weiß mehr ich? Was? Wie's Pfand ich rückgewinn.
Beherbergt gut, verjagt von jedermann.

VIII. – *Le dit de la naissance Marie d'Orléans*

O louee conception
Envoiee ça jus des cieulx,
Du noble lis digne syon,
Don de Jhesus tres precieulx,
MARIE, nom tres gracieulx,
Fons de pitié, source de grace,
La joye, confort de mes yeulx,
Qui nostre paix bastist et brasse!

La paix, c'est assavoir, des riches,
Des povres le substantement,
Le rebours des felons et chiches,
Tres necessaire enfantement,
Conceu, porté honnestement,
Hors le pechié originel,
Que dire je puis sainctement
Souvrain bien de Dieu eternel!

Nom recouvré, joye de peuple,
Confort des bons, de maulx retraicte;
Du doulx seigneur premiere et seule
Fille, de son cler sang extraicte,
Du dextre costé Clovis traicte;
Glorieuse ymage en tous fais,
Ou hault ciel cree et pourtraicte
Pour esjouyr et donner paix!

En l'amour et crainte de Dieu
Es nobles flans Cesar conceue,
Des petis et grans en tout lieu
A tres grande joye receue,

VIII. Die Weise von der Geburt der Maria von Orléans

Jam nova progenies coelo demittitur alto.

Vergil, Ecl. IV 7

O Du Empfängnis, hochgeehrt,
Vom Himmel nieder uns geschickt,
Der edlen Lilie Sprößling wert,
Jesusgeschenk, das uns beglückt,
Maria, Name, der entzückt,
Des Mitleids Bronnen, Quell hinieden
Der Gnade, die uns Freuden schickt,
Du, unser Augentrost und Frieden!

Den Reichen bist Du Friedensziel,
Den Armen bringst Du Nahrung dar.
Von Geiz und Tücke Widerspiel,
Geburt, die sehr notwendig war,
Empfangen und getragen bist
Du außerhalb ererbter Schuld,
Drum nenn ich Dich, als frommer Christ,
Fürstin aus Gottes ewiger Huld.

Der Völker Lust, ehrwürdiger Name,
Der Leiden Hort, der Guten Leuchte,
Du, die des milden Herren Same
Als erste einzige Tochter zeugte,
Aus Chlodwigs rechter Brust entnommen,
Bild, reich an Ruhm von jeder Art,
In Himmels Höh geformt, vollkommen,
Daß Freude uns und Friede ward.

In Lieb und Furcht des Herren ließ
Des edlen Cäsars Kraft Dich werden,
Und groß und klein willkommen hieß
Voll hoher Freude Dich auf Erden.

De l'amour Dieu traicte, tissue,
Pour les discordez ralier
Et aux enclos donner yssue,
Leurs lians et fers deslier.

Aucunes gens, qui bien peu sentent,
Nourris en simplesse et confis,
Contre le vouloir Dieu attentent,
Par ignorance desconfis,
Desirans que feussiez ung fils;
Mais qu'ainsi soit, ainsi m'aist Dieux,
Je croy que ce soit grans proufis.
Raison: Dieu fait tout pour le mieulx.

Du Psalmiste je prens les dis:
Delectasti me, Domine,
In factura tua, si dis:
Noble enfant, de bonne heure né,
A toute doulceur destiné,
Manne du Ciel, celeste don,
De tous bienfais le guerdonné,
Et de noz maulx le vray pardon!

Aus Gottes Liebesdrang gewoben,
Kehrst Feindschaft Du zu Einigkeit,
Gefangne hast aus Haft gehoben,
Von Strick und Fesseln sie befreit.

Gibt Leute, die nicht viel verstehen,
Genährt in tumber Einfachheit,
Die gegen Gottes Willen gehen,
Verstört sind aus Unwissenheit
Und wünschen, daß ein Sohn Ihr wärt.
Doch sei's, wie's Gott geschehen läßt,
Ich glaub, daß Nutzen es gewährt.
Grund: Gott schafft alles auf das Best.

Von den Psalmisten nehm ich her
Das Wort: Du hast mein Herz erfreut
Mit Deiner Schöpfung Werk, o Herr.
Kamst, edles Kind, zur rechten Zeit,
Bestimmt zu jeder Süßigkeit,
Himmlische Gabe, Gottes Brot,
Zu jeder Wohltat stets bereit,
Wahre Erlöserin unsrer Not.

Combien que j'ay leu en ung dit:
Inimicum putes, y a,
Qui te presentem laudabit,
Toutesfois, non obstant cela,
Oncques vray homme ne cela
En son courage aucun grant bien,
Qui ne le montrast ça et la:
On doit dire du bien le bien.

Saint Jehan Baptiste ainsy le fist,
Quant l'Aignel de Dieu descela.
En ce faisant pas ne mesfist,
Dont sa voix es tourbes vola;
De quoy saint Andry Dieu loua,
Qui de lui cy ne sçavoit rien,
Et au Fils de Dieu s'aloua:
On doit dire du bien le bien.

Envoiee de Jhesuschrist,
Rappellez ça jus par deça
Les povres que Rigueur proscript
Et que Fortune betourna.
Si sçay bien comment il m'en va:
De Dieu, de vous, vie je tien.
Benoist celle qui vous porta!
On doit dire du bien le bien.

Cy, devant Dieu, fais congnoissance
Que creature feusse morte,
Ne feust vostre doulce naissance,
En charité puissant et forte,
Qui ressuscite et reconforte
Ce que Mort avoit prins pour sien;

Die andere Ballade

Obwohl ein Wort ich las, das meint:
»Wer Dich vor allen Leuten preist,
Den schaue an als Deinen Feind«,
Trotzdem, wer sich als Edler weist,
Verbarg noch nie in seinem Geist
Und wahrt in sich als großes Gut,
Daß er darauf bisweilen weist.
Vom Guten soll man sprechen gut.

Also Johann der Täufer tat,
Als er das Gotteslamm enthüllte;
So tat er keine böse Tat,
Drum auch sein Wort die Welt erfüllte.
Andreas lobte Gott sodann,
Dem noch verschlossen war sein Mut
Und schloß dem Gottessohn sich an,
Vom Guten soll man sprechen gut.

Du, die uns Christus hat gebracht,
Auf Erden hier der Armen denkt,
Die harte Unbill tut in Acht
Und die Fortuna arg bedrängt.
Wie mir es geht, weiß ich genug,
Von Gott, von Euch kommt mir mein Blut,
Gesegnet sei sie, die Euch trug.
Vom Guten soll man sprechen gut.

Vor Gott sei hier Euch zugeschworen,
Daß längst ich wär ein totes Wesen,
Wärt Ihr nicht, Süße uns geboren
In Liebe, machtvoll und erlesen,
Die auferweckt und Tröstung sendet
Dem, der in Todesbanden ruht.

Vostre presence me conforte:
On doit dire du bien le bien.

Cy vous rans toute obeyssance,
A ce faire Raison m'exorte,
De toute ma povre puissance;
Plus n'est deul qui me desconforte,
N'aultre ennuy de quelconque sorte.
Vostre je suis et non plus mien;
A ce Droit et Devoir m'enhorte:
On doit dire du bien le bien.

O grace et pitié tres immense,
L'entree de paix et la porte,
Some de benigne clemence,
Qui noz faultes toult et supporte,
Se de vous louer me deporte,
Ingrat suis, et je le maintien,
Dont en ce refrain me transporte:
On doit dire du bien le bien.

Princesse, ce loz je vous porte,
Que sans vous je ne feusse rien.
A vous et a tous m'en rapporte:
On doit dire du bien le bien.

Euvre de Dieu, digne, louee
Autant que nulle creature,
De tous biens et vertus douee,
Tant d'esperit que de nature
Que de ceulx qu'on dit d'adventure,
Plus que rubis noble ou balais;
Selon de Caton l'escripture:
Patrem insequitur proles.

Trost Eure Gegenwart mir spendet.
Vom Guten soll man sprechen gut.

Hier will ich Euch gehorsam dienen,
Das läßt Vernunft mir mahnend sagen,
Mit allen meinen armen Sinnen,
Kein Leid mehr bringt mir Unbehagen,
Verdruß kommt mir von keinen Dingen.
Bin mein nicht mehr, nur Euer Gut,
Recht muß und Pflicht mich dazu zwingen,
Vom Guten soll man sprechen gut.

O Gnade, Mitleid ohne Ende,
Tor, durch das wir zum Frieden kommen,
Du Höchste, deren milde Hände
Uns unsre Sünden abgenommen,
Sollt je ich Eurem Lob entsagen,
Wär ich ein Mensch, der unrecht tut,
Will drum zu diesem Reim mich tragen:
Vom Guten soll man sprechen gut.

Dies Lob, Prinzessin, ich Euch sende,
Nichts wär ich ohne Eure Hut.
An Euch und alle ich mich wende,
Vom Guten soll man sprechen gut.

Werk Gottes, wert gelobt zu werden,
Wie je nur ein Geschöpf auf Erden,
Das Tugenden und Güte weist,
Sowohl an Körper wie an Geist
Und solche, die vom Zufall stammen,
Mehr als Rubinenglanz und -flammen.
Bei Cato steht geschrieben es:
Patrem insequitur proles.

Port asseuré, maintien rassiz,
Plus que ne peut nature humaine,
Et eussiez des ans trente six;
Enfance en rien ne vous demaine.
Que jour ne le die et sepmaine
Je ne sçay qui le me deffant.
A ce propos ung dit ramaine:
De saige mere saige enfant.

Dont resume ce que j'ay dit:
Nova progenies celo,
Car c'est du poëte le dit,
Jamjam demittitur alto.
Saige Cassandre, belle Echo,
Digne Judith, caste Lucresse,
Je vous cognois, noble Dido,
A ma seule dame et maistresse.

En priant Dieu, digne pucelle,
Qu'il vous doint longue et bonne vie;
Qui vous ayme, ma damoiselle,
Ja ne coure sur luy envie.
Entiere dame et assouvie
J'espoir de vous servir ainçoys,
Certes, se Dieu plaist, que devie
Vostre povre escolier FRANÇOYS.

Ruhiger Hafen, sichrer Halt,
Mehr als der Menschen Art kann hegen.
Schon dreißig Jahre scheint Ihr alt,
Denn Kinder so sich nicht bewegen.
Ich sag es alle Tag und Wochen,
Und keiner mir den Mund verbind',
Ein altes Wort sei nachgesprochen:
Von guter Mutter gutes Kind.

Drum setz zum Schluß die Red ich fort:
Nova progenies coelo:
Denn von dem Dichter stammt das Wort:
Jamjam demittitur alto.
Ob ich Kassandra Euch, ob Echo,
Lukretia oder Judith nenne,
Ob schön, klug, würdig, keusch, ob Dido
Stets Euch als Herrin ich erkenne.

Mög, würdige Jungfrau, langes Leben
Und gute Zeit Euch Gott bewahren,
Wer liebend, Fräulein, Euch ergeben,
Den mög kein Unglück widerfahren.
Du reine Magd, die Fehl nicht leidet,
Ich hoff Euch einst zu dienen ganz,
Eh, so Gott will, von hinnen scheidet
Euer armes Schülerlein, der Franz.

IX. – *Epistre*

Aiez pitié, aiez pitié de moy,
A tout le moins, si vous plaist, mes amis!
En fosse gis, non pas soubz houx ne may,
En cest exil ouquel je suis transmis
Par Fortune, comme Dieu l'a permis.
Filles, amans, jeunes gens et nouveaulx,
Danceurs, saulteurs, faisans les piez de veaux,
Vifz comme dars, agus comme aguillon,
Gousiers tintans cler comme cascaveaux,
Le lesserez la, le povre Villon?

Chantres chantans a plaisance, sans loy,
Galans, rians, plaisans en fais et dis,
Courens, alans, francs de faulx or, d'aloy,
Gens d'esperit, ung petit estourdis,
Trop demourez, car il meurt entandis.
Faiseurs de laiz, de motetz et rondeaux,
Quant mort sera, vous lui ferez chaudeaux!
Ou gist, il n'entre escler ne tourbillon:
De murs espoix on lui a fait bandeaux.
Le lesserez la, le povre Villon?

Venez le veoir en ce piteux arroy,
Nobles hommes, francs de quart et de dix,
Qui ne tenez d'empereur ne de roy,
Mais seulement de Dieu de Paradis:
Jeuner lui fault dimenches et merdis,
Dont les dens a plus longues que ratteaux;
Après pain sec, non pas après gasteaux,
En ses boyaulx verse eaue a gros bouillon;
Bas en terre, table n'a ne tresteaulx.
Le lesserez la, le povre Villon?

IX. Brief an seine Freunde

Erbarmet Euch, erbarmet Euch doch mein,
Dies wenigstens, wenn's, Freunde, Euch gefällt.
Ich lieg im Loch, nicht unterm Baum des Maien,
In der Verbannung hier, in der mich hält
Fortunas Macht, wie Gott es hat bestellt.
Verliebte, Dirnlein, frisch im Jugendschwang,
Ihr Tänzer, Springer, mit dem Kälbergang,
Wie Pfeile flink, wie Dornen scharf und fein,
Mit Kehlen, klingend hell wie Schellenklang,
Laßt Ihr den armen Villon hier allein?

Ihr Sänger, die Ihr singt, frei wie Ihr wollt,
Kurzweiliges Volk, das lacht und scherzt so gern,
Hurtig und fein, echt, frei von falschem Gold,
Ihr witzigen, ein wenig tollen Herren,
Er stirbt, indem Ihr bleibt zu lange fern.
Ihr, die Ihr Lais, Rondeaux, Motetten singt,
Wenn tot er ist, Ihr ihm wohl Glühwein bringt.
Da wo er liegt, dringt Blitz und Sturm nicht ein,
Mit dicken Mauern hat man ihn umringt.
Laßt Ihr den armen Villon hier allein?

Besucht ihn hier, wo's ihm so kläglich geht,
Freiherrn, die Ihr von Zoll und Zehnt verschont,
In keines Kaisers, Königs Diensten steht,
Nur Gottes, der im Paradiese thront.
Da Sonntags, Mittwochs Fasten er gewohnt,
Stehn ihm die Zähne harkengleich heraus.
Nach trocknem Brot - niemals nach Kuchenschmaus -
Gießt Wasserströme ins Gedärm er ein,
Nicht Tisch noch Pritschen sind im tiefen Haus.
Laßt Ihr den armen Villon hier allein?

Princez nommez, ancïens, jouvenceaux,
Impetrez moy graces et royaulx seaux,
Et me montez en quelque corbillon.
Ainsi le font, l'un a l'autre, pourceaux,
Car, ou l'un brait, ilz fuyent a monceaux.
Le lesserez la, le povre Villon?

X. – *Requeste à mons. de Bourbon*

Le mien seigneur et prince redoubté,
Fleuron de lys, royalle geniture,
Françoys Villon, que Travail a dompté
A coups orbes, par force de bature,
Vous supplie par ceste humble escripture
Que lui faciez quelque gracieux prest.
De s'obliger en toutes cours est prest,
Si ne doubtez que bien ne vous contente:
Sans y avoir dommaige n'interest,
Vous n'y perdez seulement que l'attente.

A prince n'a ung denier emprunté,
Fors a vous seul, vostre humble creature.
De six escus que luy avez presté,
Cela pieça il meist en nourriture.
Tout se paiera ensemble, c'est droiture,
Mais ce sera legierement et prest;
Car, se du glan rencontre en la forest
D'entour Patay, et chastaignes ont vente,
Paié serez sans delay ny arrest:
Vous n'y perdrez seulement que l'attente.

Ihr Fürsten, alte, junge, die ich rief,
Erwirkt mir Gnade und des Königs Siegelbrief,
Und hebt in einem Korb mich aus der Pein.
So bringen Schweine auch sich Hilfe dar;
Denn, wenn nur eins quiekt, flieht die ganze Schar.
Laßt Ihr den armen Villon hier allein?

X. Bittgesuch an den Herzog von Bourbon

Ihr, o mein Fürst und sehr gestrenger Herr,
Der Lilie Sproß, von königlichem Blute,
François Villon, den Mühsal und Beschwer
Durch harte Schläge trafen mit der Rute,
Schreibt diesen Brief mit demutvollem Mute
Und fleht, daß gütig Ihr ihm etwas leiht.
Zu jeder Sicherung ist er bereit.
Auch zweifelt nicht, er wird Euch kontentieren,
Es wächst kein Nutzen Euch daraus noch Leid,
Allein das Warten werdet Ihr verlieren.

Von Fürsten einen Heller lieh ich nie,
Wenn nicht von Euch, Eu'r Sklave tief ergeben.
Zehn Taler, die Euer Gnaden einst ihm lieh,
Die hat er gleich als Kostgeld hingegeben.
Zurück wird alles er, wie's recht ist, geben,
Das wird ein leichtes sein, und zwar sehr bald;
Denn trägt erst Eicheln der Patayer Wald,
Und kann Kastanien man zu Markte führen,
Dann werdet unverzüglich Ihr bezahlt.
Allein das Warten werdet Ihr verlieren.

Se je peusse vendre de ma santé
A ung Lombart, usurier par nature,
Faulte d'argent m'a si fort enchanté
Que j'en prendroie, ce cuide, l'adventure.
Argent ne pens a gippon n'a sainture;
Beau sire Dieux! je m'esbaïs que c'est
Que devant moy croix ne se comparoist,
Si non de bois ou pierre, que ne mente;
Mais s'une fois la vraye m'apparoist,
Vous n'y perdrez seulement que l'attente.

Prince du lys, qui a tout bien complaist,
Que cuidez vous comment il me desplaist,
Quant je ne puis venir a mon entente?
Bien m'entendez; aidez moy, s'il vous plaist:
Vous n'y perdrez seulement que l'attente.

Au dos de la lettre

Allez, lettres, faictes ung sault;
Combien que n'ayez pié ne langue,
Remonstrez en vostre harangue
Que faulte d'argent si m'assault.

Könnt ich verkaufen die Gesundheit nur
Die Geldnot nahm mich so verrückt beim Kragen –
Einem Lombarden, Wuchrer von Natur,
Ich würde, glaube ich, das Abenteuer wagen.
Geld kann ich nicht an Wams und Gürtel tragen.
O lieber Gott! Höchst wunderlich mir scheint,
Daß immer, wenn vor mir ein Kreuz erscheint,
S'ist Holz und Stein, nicht will ich fabulieren;
Jedoch, wenn mal das Wahre mir erscheint,
Allein das Warten werdet Ihr verlieren.

O Lilienfürst, der stets zum Guten hält,
Was glaubt Ihr wohl, wie sehr es mir mißfällt,
Sollt meine Absicht nicht zum Ziele führen?
Schenkt mir Gehör, helft mir, wenns Euch gefällt,
Allein das Warten werdet Ihr verlieren.

Auf der Rückseite des Briefes

Geht, Worte, springt mir auf behend,
Wenn Fuß und Zunge Euch auch fehlen,
So wollt zu demonstrieren nicht verfehlen,
Daß Geldes Not mich arg berennt.

XI. – *Le debat du cuer et du corps de Villon*

LE CORPS

Qu'est ce que j'oy?

LE CUER

Ce suis je!

LE CORPS

Qui?

LE CUER

Ton cuer,
Qui ne tient mais qu'a ung petit filet:
Force n'ay plus, substance ne liqueur,
Quant je te voy retraict ainsi seulet,
Com povre chien tapy en reculet.

LE CORPS

Pour quoi est ce:

LE CUER

Pour ta folle plaisance.

LE CORPS

Que t'en chault il?

LE CUER

J'en ay la desplaisance.

LE CORPS

Laisse m'en paix!

LE CUER

Pour quoy?

LE CORPS

J'y penserai.

LE CUER

Quant sera ce?

LE CORPS

Quant seray hors d'enfance.

XI. Der Streit zwischen Villons Herz und Leib

DER LEIB

Was hör ich?

DAS HERZ

Ich bin's.

DER LEIB

Wer?

DAS HERZ

Dein Herz ich bin,
Das nur an einem schwachen Fädchen hängt.
Kraft, Mark und Saft, die schwinden ganz mir hin,
Wie einem armen Hund ins Eck gedrängt.

DER LEIB

Was ist der Grund?

DAS HERZ

Dein tolles Lustverlangen.

DER LEIB

Was geht's Dich an.

DAS HERZ

Mir bleibt der Kummer hangen.

DER LEIB

Laß mich in Ruh!

DAS HERZ

Warum?

DER LEIB

Mal denk ich mir's schon aus.

DAS HERZ

Wann wird das sein?

DER LEIB

Wenn Jugend ist vergangen.

LE CUER

Plus ne t'en dis.

LE CORPS

Et je me passeray.

LE CUER

Que pense tu?

LE CORPS

Estre homme de valeur.

LE CUER

Tu as trente ans: c'est l'aage d'un mullet;
Est ce enfance?

LE CORPS

Nennil.

LE CUER

C'est donc folleur
Qui te saisist?

LE CORPS

Par ou? Par le collet?

LE CUER

Rien ne congnois.

LE CORPS

Si fais.

LE CUER

Quoy?

LE CORPS

Mouche en let;
L'ung est blanc, l'autre est noir, c'est la distance.

LE CUER

Est ce donc tout?

LE CORPS

Que veulx tu que je tance?

DAS HERZ

Mehr sag ich nicht.

DER LEIB

Und ich mach mir nichts draus.

DAS HERZ

Was denkst Du?

DER LEIB

Wär ein Mann von Ehr!

DAS HERZ

Zählst dreißig Jahr, ein Maultier sie erreicht . . .
Ist's Jugend?

DER LEIB

Nein!

DAS HERZ

Es packt, so scheint mir eh'r,
Dich Narrheit.

DER LEIB

Wo? Am Kragen glaubst, vielleicht?

DAS HERZ

Nichts weißt.

DER LEIB

Doch!

DAS HERZ

Was?

DER LEIB

Flieg in der Milch, ganz leicht
– Weiß diese, jene schwarz – ist das zu
unterscheiden.

DAS HERZ

Ist's alles?

DER LEIB

Nicht genug des Streits zwischen uns beiden?

Se n'est assez, je recommenceray.

LE CUER

Tu est perdu.

LE CORPS

J'y mettray resistance.

LE CUER

Plus ne t'en dis.

LE CORPS

Et je m'en passeray.

LE CUER

J'en ay le dueil; toy le mal et douleur.
Se feusses ung povre ydiot et folet,
Encore eusses de t'excuser couleur:
Si n'as tu soing, tout t'est ung, bel ou let.
Ou la teste as plus dure qu'ung jalet,
Ou mieulx te plaist qu'onneur ceste meschance!
Que respondras a ceste consequence?

LE CORPS

J'en seray hors quant je trespasseray.

LE CUER

Dieu quel confort!

LE CORPS

Quelle sage eloquence!

LE CUER

Plus ne t'en dis.

LE CORPS

Et je m'en passeray.

LE CUER

Dont vient ce mal?

Langt es Dir nicht, hol ich von neuem aus.

DAS HERZ

Du bist verlorn.

DER LEIB

Doch das, fürwahr, will ich nicht leiden.

DAS HERZ

Mehr sag ich nicht.

DER LEIB

Und ich mach mir nichts draus.

DAS HERZ

Ich trag drum Leid, Du, Qual und Schmerz genug.
Wärst Du ein armer Narr, unwissend dumm,
Dann hättest Du wohl noch Entschuldigung.
Gibst Du nicht acht, ist gleich Dir grad und krumm,
Dein Kopf wird härter als ein Kieseltrumm,
Willst Du dies Unglück mehr als Ehre schätzen;
Wie kannst Du diesem Schluß Dich widersetzen?

DER LEIB

Sterb ich einmal, bin fern ich diesem Strauß.

DAS HERZ

Gott! Welcher Trost.

DER LEIB

Welch ein beredtes Schwätzen!

DAS HERZ

Mehr sag ich nicht.

DER LEIB

Und ich mach mir nichts draus.

DAS HERZ

Woher dies Leid?

LE CORPS

Il vient de mon maleur.
Quant Saturne me feist mon fardelet,
Ces maulx y meist, je le croy.

LE CUER

C'est foleur:
Son seigneur es, et te tiens son varlet.
Voy que Salmon escript en son rolet:
»Homme sage, ce dit il, a puissance
Sur planetes et sur leur influence.«

LE CORPS

Je n'en crois riens; tels qu'ilz m'ont fait seray.

LE CUER

Que dis tu?

LE CORPS

Dea! certes, c'est ma creance.

LE CUER

Plus ne t'en dis.

LE CORPS

Et je m'en passeray.

LE CUER

*V*eulx tu vivre?

LE CORPS

Dieu m'en doint la puissance!

LE CUER

*I*l te faut . . .

LE CORPS

Quoy?

LE CUER

Remors de conscience,
*L*ire sans fin.

DER LEIB

Mein Unglück trägt's mir zu.
Als mir Saturn einst lud den Packen ein,
Tat er dies Leid, glaub ich, hinein.

DAS HERZ

Narr, Du.
Sein Herr bist Du und willst sein Diener sein.
Sieh, Salomon schrieb in sein Buch hinein:
»Dem weisen Mann, schrieb er, ist Macht gegeben
Über die Sterne und ihr Schicksalsleben.«

DER LEIB

Glaubs nicht. Wie sie mich schufen, seh ich aus.

DAS HERZ

Was sagst Du!

DER LEIB

Ja! Des Glaubens will ich leben.

DAS HERZ

Mehr sag ich nicht.

DER LEIB

Und ich mach mir nichts draus.

DAS HERZ

Willst leben Du?

DER LEIB

Gott möge Kraft mir geben.

DAS HERZ

Dann mußt Du . . .

DER LEIB

Was?

DAS HERZ

Nach Reu und Buße streben,
Stets lesen.

LE CORPS

En quoy?

LE CUER

Lire en science,

*L*aisser les folz!

LE CORPS

Bien j'y adviseray.

LE CUER

*O*r le retien!

LE CORPS

J'en ay bien souvenance.

LE CUER

N'atens pas tant que tourne a desplaisance
Plus ne t'en dis.

LE CORPS

Et je m'en passeray.

XII. – *Probleme ou ballade au nom de la Fortune*

Fortune fus par clers jadis nommee,
Que toy, Françoys, crie et nomme murtriere,
Qui n'es homme d'aucune renommee.
Meilleur que toy fais user en plastriere,
Par povreté, et fouyr en carriere;
S'a honte vis, te dois tu doncques plaindre?
Tu n'es pas seul; si ne te dois complaindre.
Regarde et voy de mes fais de jadis,
Mains vaillans homs par moy mors et roidis;
Et n'es, ce sçais, envers eulx ung souillon.
Appaise toy, et mets fin en tes dis.
Par mon conseil prens tout en gré, Villon!

DER LEIB

Was?

DAS HERZ

Laß Wissen Dich erheben.
Lies, laß die Narren.

DER LEIB

Gern führ ich das aus.

DAS HERZ

Behalt es denn!

DER LEIB

Nun gut, ich wills probieren.

DAS HERZ

Wart nicht, sonst kannst die Lust Du dran verlieren.
Mehr sag ich nicht.

DER LEIB

Und ich mach mir nichts draus.

XII. Verteidigung der Fortuna

Fortuna nannten einstmals mich die Weisen,
Die Du, mein Franz, wagst Mörderin zu heißen,
Du, den doch keine Menschen rühmlich preisen
Im Gipswerk laß ich Bessre sich verschleißen
In Armut, und Gestein dem Bruch entreißen.
Wenn Du in Schande lebst, darfst Du so klagen?
Bist nicht allein; darfst drum Dich nicht beklagen.
Schau her und sieh mein Tun, wie's früher war:
Manch wackrer Mann durch mich liegt tot und starr
Du, gegen sie bist nur ein Lumpenstank.
Du weißt es, drum sei still, Dein Reden spar.
Mein Rat, Villon, nimm alles hin mit Dank.

Contre grans roys me suis bien anymee,
Le temps qui est passé ça en arriere:
Priam occis et toute son armee,
Ne luy valut tour, donjon, ne barriere;
Et Hannibal demoura il derriere?
En Cartaige par Mort le feis attaindre;
Et Scypion l'Affriquan feis estaindre;
Julles Cesar au Senat je vendis;
En Egipte Pompee je perdis;
En mer noyé Jason en ung bouillon;
Et une fois Romme et Rommains ardis.
Par mon conseil prens tout en gré, Villon!

Alixandre, qui tant feist de hemee,
Qui voulut veoir l'estoille pouciniere,
Sa personne par moy fut envlimee;
Alphasar roy, en champ, sur sa baniere
Rué jus mort. Cela est ma maniere,
Ainsi l'ay fait, ainsi le maintendray:
Autre cause ne raison n'en rendray.
Holofernes l'ydolastre mauldis,
Qu'occist Judith (et dormoit entandis!)
De son poignart, dedens son pavillon;
Absalon, quoy? en fuyant le pendis.
Par mon conseil prens tout en gré, Villon!

Pour ce, Françoys, escoute que te dis:
Se riens peusse sans Dieu de Paradis,
A toy n'autre ne demourroit haillon,
Car, pour ung mal, lors j'en feroye dix.
Par mon conseil prens tout en gré, Villon!

Gen große Könige übt ich mein Gefallen
In alter Zeiten Lauf, die längst entschwunden.
Ich fällte Priamus mit seinen Mannen allen,
In Turm und Schloß hat er nicht Schutz gefunden.
Blieb Hannibal nicht, mich Dir zu bekunden?
Den Tod ließ in Karthago ich ihn finden.
Auch Scipio Africanus ließ ich schwinden,
Cäsar verkauft ich in des Forums Hall,
Bracht in Ägypten Pompejus zu Fall,
Im aufgewühlten Meer Jason ertrank,
Verbrannte Rom und Römer auch einmal.
Mein Rat, Villon, nimm alles hin mit Dank.

Und Alexander, der so viel gestritten,
Der die Plejadensterne wollt erblicken,
Durch Gift hat er von mir den Tod erlitten.
Alphasar, seine Fahne unterm Rücken,
Warf tot ich ihn aufs Feld: das sind mein' Tücken.
So hielt ich's stets, so geh ich weiter um
Und gebe keinem Rechenschaft darum.
Den Götzendiener Holofernes traf
Mit ihrem Dolche Judith, tief im Schlaf,
In seinem Zelte er im Tod versank.
Absalon auf der Flucht hängt' sich zur Straf.
Mein Rat, Villon, nimm alles hin mit Dank.

Darum, Franz, hör nur zu, ich sag Dir dies,
Vermöcht ich etwas nur ohn Gott im Paradies,
Von Dir und andern blieb kein Fetzen blank,
Denn für ein einzig Übel zehn ich ließ!
Mein Rat, Villon, nimm alles hin mit Dank.

XIII. – *Quatrain*

Je suis Françoys, dont il me poise,
Né de Paris emprès Pontoise,
Et de la corde d'une toise
Sçaura mon col que mon cul poise.

XIV. – *L'Epitaphe Villon*

Freres humains qui après nous vivez,
N'ayez les cuers contre nous endurcis,
Car, se pitié de nous povres avez,
Dieu en aura plus tost de vous mercis.
Vous nous voiez cy attachez cinq, six:
Quant de la chair, que trop avons nourrie,
Elle est pieça devorée et pourrie,
Et nous, les os, devenons cendre et pouldre.
De nostre mal personne ne s'en rie;
Mais priez Dieu que tous nous vueille absouldre!

Se freres vous clamons, pas n'en devez
Avoir desdaing, quoy que fusmes occis
Par justice. Toutesfois, vous sçavez
Que tous hommes n'ont pas bon sens rassis;
Excusez nous, puis que sommes transsis,
Envers le fils de la Vierge Marie,
Que sa grace ne soit pour nous tarie,
Nous preservant de l'infernale fouldre.
Nous sommes mors, ame ne nous harie;
Mais priez Dieu que tous nous vueille absouldre!

XIII. Als Villon fürchtete, gehängt zu werden

Franz bin ich, gram drum dem Geschicke,
Geboren in Paris, nah bei Oisebrücke,
Und wissen wird, am ellenlangen Stricke,
Wie schwer mein Hintern wiegt, bald mein Genicke.

XIV. Grabinschrift von François Villon

Ihr Menschenbrüder, die Ihr nach uns lebt,
Wollt nicht, daß Euer Herz hart von uns denkt;
Wenn Ihr in Mitleid für uns Arme bebt,
Gott eher Euch einst seine Gnade schenkt.
Fünf, sechs erblickt Ihr, die man hier gehenkt,
Das Fleisch, dess' Nahrung uns zu sehr gefallen,
Ist längst verfault und von uns abgefallen.
Wir Knochen bald zu Asch und Staub verrotten,
O, wolle niemand unsres Leides spotten,
Doch bittet Gott, daß er verzeih uns allen.

Wenn wir Euch Brüder nennen, dürft Ihr nicht
Uns drob verachten. Traf uns auch der Tod
Durchs Recht, so wißt Ihr doch, an kluger Sicht
Des Guten leiden alle Menschen Not.
Entschuldigt uns – da wir nun starr und tot –
Bei Jesus Christus, der Maria Sohne,
Daß nicht uns fehle seiner Gnade Krone
Und nicht der Hölle Blitze uns befallen.
Tot sind wir, keiner quäle uns mit Hohne.
Doch bittet Gott, daß er verzeih uns allen.

Le rondeau que feist
ledit villon quant
il fut iugie

Je suis francois dont ce me poise
Ne de paris empres pontoise
Qui dune corde dune toise
Saura mon col que mon cul poise

Epitaphe dudit Villon

Freres humains qui apres noꝰ viues
Nayez les cueurs contre noꝰ endurcis
Car se pitie de noꝰ pouurez auez
Dieu en aura plustost de vous mercis
Vous nous voiez cy ataches cinq six
Quãt de la char q̃ trop auõs nourrie
Ellest pieca deuouree et pourrie
et noꝰ les os deuenõs cẽdres ꝛ pouldre
De nostre mal personne ne sen rie
Mais pries dieu que tous nous vueil
le absouldre

g iii.

La pluye nous a debuez et lavez,
Et le soleil dessechiez et noircis;
Pies, corbeaulx, nous ont les yeux cavez,
Et arrachié la barbe et les sourcis.
Jamais nul temps nous ne sommes assis;
Puis ça, puis la, comme le vent varie,
A son plaisir sans cesser nous charie,
Plus becquetez d'oiseaulx que dez a couldre.
Ne soiez donc de nostre confrairie;
Mais priez Dieu que tous nous vueille absouldre!

Prince Jhesus, qui sur tous a maistrie,
Garde qu'Enfer n'ait de nous seigneurie:
A luy n'ayons que faire ne que souldre.
Hommes, icy n'a point de mocquerie;
Mais priez Dieu que tous nous vueille absouldre!

XV. – *Louenge à la court*

Tous mes cinq sens: yeulx, oreilles et bouche,
Le nez, et vous, le sensitif aussi;
Tous mes membres ou il y a reprouche,
En son endroit ung chascun die ainsi:
«Souvraine Court, par qui sommes icy,
Vous nous avez gardé de desconfire.
Or la langue seulle ne peut souffire
A vous rendre souffisantes louenges;
Si parlons tous, fille du souvrain Sire,
Mere des bons et seur des benois anges!»

Der Regen wusch uns, hat uns abgespült,
Die Sonne trocknete uns schwarz und hart,
Elstern und Raben haben Augen ausgewühlt
Und weggerissen Brauen uns und Bart.
Nie gibt es eine Stunde, die uns Ruhe wahrt,
Hierin, dorthin schwingt uns des Windes Wüten,
Zerhackt von Vogelbiß gleich Fingerhüten,
Wie's immer seinen Launen mag gefallen.
Vor unsrer Brüderschaft müßt Ihr Euch hüten.
Doch bittet Gott, daß er verzeih uns allen.

Fürst Jesu, dem sich alle Wesen neigen,
Gib uns der Hölle Herrschaft nicht zu eigen,
Nur ihm wir müssen unsre Taten zahlen.
Hier muß, o Menschen, jedes Hohnwort schweigen,
Doch bittet Gott, daß er verzeih uns allen.

XV. Lob des Gerichtshofes

All meine Sinne, Ohren, Mund und Augen,
Die Nase, Du, Gefühl auch bist erpicht,
All meine Glieder, die so wenig taugen,
An seinem Ort ein jedes also spricht:
Das uns hierher gebracht, erhabenes Gericht,
Du wahrest uns vor gänzlichem Zerfalle.
Kaum reicht die Zunge aus, daß sie Dir lalle
Den schuldigen Tribut an Lob und Ehre;
Drum, Kind des höchsten Herrn, wir sprechen alle,
Mutter und Schwester seliger Engelsheere.

Cuer, fendez vous, ou percez d'une broche,
Et ne soyez, au moins, plus endurcy
Qu'au desert fut la forte bise roche
Dont le peuple des Juifs fut adoulcy:
Fondez lermes et venez a mercy;
Comme humble cuer qui tendrement souspire,
Louez la Court, conjointe au Saint Empire,
L'eur des Françoys, le confort des estranges,
Procreee lassus ou ciel empire,
Mere des bons et seur des benois anges!

Et vous, mes dens, chascune si s'esloche;
Saillez avant, rendez toutes mercy,
Plus hautement qu'orgue, trompe, ne cloche,
Et de maschier n'ayez ores soussy;
Considerez que je feusse transsy,
Foye, pommon et rate, qui respire;
Et vous, mon corps, qui vil estes et pire
Qu'ours, ne pourceau qui fait son nyt es fanges,
Louez la Court, avant qu'il vous empire,
Mere des bons et seur des benois anges!

Prince, trois jours ne vueillez m'escondire,
Pour moy pourveoir et aux miens «a Dieu» dire;
Sans eulx argent je n'ay, icy n'aux changes.
Court triumphant, *fiat* sans me desdire,
Mere des bons et seur des benois anges!

Herz, spalte Dich, laß Dich vom Spieß durchbohren,
Und sei nicht härter als die dunkle Klamm,
Aus der einstmals im Wüstensand verloren,
Erquickung sich gewann der Juden Stamm.
Fließt, Tränen, bietet Gnade meinem Gram,
Demütig, wie das Herz, das seufzerreiche,
Lobt das Gericht, eins mit dem Heiligen Reiche,
Daß es den Franken Glück, den Fremden Trost
Erschaffen droben in dem Himmelreiche, [beschere,
Mutter und Schwester seliger Engelsheere.

Ihr, meine Zähne, los aus Eurem Stocke,
Springt alle vor, erfleht der Gnade Macht
Mit lautrem Klang als Orgel, Horn und Glocke
Und habt des Kauens nun nicht länger acht.
Seid meiner starren Todesangst bedacht,
Milz, Leber, Lunge, meines Atems Schwaden,
Und Du, mein Leib, der schlimmer ist geraten
Als Bär und Schwein in schlammigen Nestes Schwere,
Lobt das Gericht, bevor Ihr kommt zu Schaden,
Mutter und Schwester seliger Engelsheere.

Fürst, gönnt, zu appellieren mir drei Tage,
Und daß den Meinen Lebewohl ich sage,
Ohn die ich arm und ohne Bankgeld wäre.
Siegreich Gericht, fiat, ohne Widerklage,
Mutter und Schwester seliger Engelsheere.

XVI. – *Question au clerc du guichet*

Que vous semble de mon appel,
Garnier? Feis je sens ou folie?
Toute beste garde sa pel;
Qui la contraint, efforce ou lie,
S'elle peult, elle se deslie.
Quant donc par plaisir voluntaire
Chantee me fut ceste omelie,
Estoit il lors temps de moy taire?

Se feusse des hoirs Hue Cappel
Qui fut extrait de boucherie,
On ne m'eust, parmy ce drappel,
Fait boire en ceste escorcherie.
Vous entendez bien joncherie?
Mais quant ceste paine arbitraire
On me juguea par tricherie,
Estoit il lors temps de moy taire?

Cuidiez vous que soubz mon cappel
N'y eust tant de philosophie
Comme de dire: «J'en appel»?
Si avoit, je vous certiffie,
Combien que point trop ne m'y fie.
Quant on me dist, present notaire:
«Pendu serez!» je vous affie,
Estoit il lors temps de moy taire?

Prince, se j'eusse eu la pepie,
Pieça je feusse ou est Clotaire,
Aux champs debout comme une espie.
Estoit il lors temps de moy taire?

XVI. Ballade der Berufung

Wie dünkt Euch, Garnier, mein Appell?
Tat Tollheit, tat ich Sinn drin künden?
Ein jedes Tier bewahrt sein Fell.
Wer es mit Macht und Zwang will binden,
Es wird, wenn's kann, sich ihm entwinden.
Als man mir vorsang diesen Reigen,
Weil man Vergnügen dran wollt finden,
War es da Zeit für mich, zu schweigen?

Wär'n Hugo Capets Erben dies,
Des Schlächtersohns, ließ niemand saufen
In solchen Zwillichs rauhem Fließ
Mich wohl auf diesem Schinderhaufen.
Ihr, wißt, daß Spott mir macht Vergnügen,
Doch als man Willkür wollt bezeigen
Und mich bestrafen durch Betrügen,
War es da Zeit für mich, zu schweigen?

Glaubt Ihr, mein Käppchen wär zu klein,
Daß ich genug Verstand nicht hätte,
Zu sagen: »Einspruch leg ich ein?«
Genug davon ist da, ich wette.
Mag auch zu fest ich ihm nicht trauen.
Als vorm Notar ich hörte steigen
Das Wort: »Gehängt wirst!« Im Vertrauen,
War es da Zeit für mich, zu schweigen?

Fürst, sollt ich gleich im Pieps mich drehen.
Wie einst Clotaire dem Tod zu eigen,
Als Schildwach auf dem Felde stehen,
War es da Zeit für mich, zu schweigen?

Sensuit lappel dudit villon

Que dictes vous de mon appel
Garnier fis je sens ou follye
Toute beste garde sa pel
Qui la contraint efforce ou lye
Selle peult elle se deslye
Quant a ceste paine arbitraire
On me juga par tricherie
Estoit il lors temps de me taire

Se je feusse des hoirs hue capel
Qui fut extrait de boucherie
Lon meust parmy ce drappel
Fait boire en ceste escorcherie
Vous entendes bien joncherie
Et fut son plaisir voluntaire
De me juger par faussetre
Estoit il lors temps de me taire

Cuidez vous que soubz mon cappel
Neust tant de philosophie
Comme de dire jen appel
Si avoit je vous certiffie
Combien que point ne my fie
Quant lon me dist devant notaire
Pendus serez je vous affie
Estoit il lors temps de me taire

Prince se jeusse eu la pepye
Pieca je feusse ou est clotaire
Aux champs debout comme ung espie
Estoit il lors temps de me taire

Explicit

ANHANG

Kommentierendes Namenverzeichnis
Villons Lebensdaten
Zur Textgestaltung
Gliederung des Testaments
Zu den Abbildungen und Faksimiles
Nachbemerkung
Inhaltsverzeichnis Textteil

—

Abruvouer Popin L 146, Schänke auf dem rechten Ufer der Seine in der Nähe des Louvre.

Alençon (duc d') T 383, wohl Herzog Johann I., der 1415 bei Azincourt gefallen war.

Alphasar p XII 28, wohl der Mederkönig Arphaxad, Judith 1, 1–6.

Alphonce T 360, Alphons V., König von Aragon, † 1458.

Amon T 649, Amnon, Sohn Davids, 2. Sam. 13.

Angelot, l'erbier, T 1654, Gemüsehändler aus der Parochie S. Germain-le-Vieux in Paris.

Archetriclin T 1243, der 'architriclinus' (Speisemeister) der Hochzeit zu Kana, Joh. 2, 9; hier als Eigenname gebraucht.

Archipiades T 331, Alkibiades, hier für eine Frau gehalten.

Art de memoire, L 112, 'Ars memorativa', didaktisches Werk, im 15. Jahrhundert sehr verbreitet.

Artus T 362, Arthur III de Bretagne, Connétable de Richemont, † 1458.

Aussigny (Thibault d') T 6–48, Bischof von Orléans, 1452–1473.

Auvergne (comte daulphin d') T 382, Béraud II, † 1426.

Bailly (Jean d') T 1075, 'Procurator' am 'Parlament' und Gerichtsschreiber; er hatte ein Haus in der Nähe des Maubue-Brunnens.

Barillet (le) T 1359, 'das Fäßchen'; ein Haus oder eine Schänke mit diesem Firmenschild, war nach dem Grand Châtelet zu gelegen.

Barre (bastart de la) s. Marchant.

Basanier (Pierre) L 154, T 1362, Notar und Gerichtsschreiber im Châtelet seit 1457.

Baude T 1190, Bruder B. 'de la Mare', gehörte noch 1471 dem Karmeliter-Konvent auf der 'place Maubert' an.

Belet p III 19 Isabel.

Bellefaye (Martin) T 1928, Strafrichter des 'prévôt' (Polizeihauptmann) von Paris (1460), Rat am 'Parlement' (1462).

Berte au grant pié T 347, der Sage nach die Mutter Karls des Großen.

Billy (la tour de) T 1348, auf dem rechten Ufer der Seine zwischen der Rue du Fauconnier und der Rue Saint-Paul.

Blanche (la royne) T 345, vielleicht Blanche von Kastilien, Gemahlin Ludwigs VIII. († 1226) und Regentin während der Minderjährigkeit Ludwigs IX.

Blarru L 91, Jean de Bl., Goldschmied auf dem Pont-au Change 1460.

Bobignon (Pierre) T 995, P. Baubignon, 'Procurator', Bevollmächtigter, am Châtelet seit 1454.

Bourbon (duc de) T 361, Charles I, † 1456.

– *(monseigneur de)* p X, Titel, Sohn des Vorigen, Herzog von 1456–1488.

Bourges (Erzbischof von) T 1228, Jean Coeur, Sohn des Schatzmeisters Karls VII.

Brunel (Phelip) T 1941, derselbe wie der 'seigneur de Grigny' L 137, T 1346, ein streit- und prozeßsüchtiger Herr, der noch in den ersten Jahren des 16. Jahrhunderts lebte.

Bruyères (Mlle de) T 1508, Catherine de Béthisy, 1454 Witwe des Girard de Br., Kanzleibeamter Karls VI.; sie besaß das 'hotel' Pet-au-Diable.

Buridan T 342, Rektor der Universität von Paris, † um 1360; eine französische Königin, die Gemahlin Philipps des Schönen oder eine seiner drei Schwiegertöchter, soll im Turm von Nesle ihre Liebhaber empfangen und hernach in der Seine ertränkt haben; jedoch wäre B. zu jung für alle vier gewesen.

Calais (Jehan de) T 1845, Notar am Châtelet, nachweislich von 1454–1467 damit beauftragt, die Testamente zu prüfen.

Calixte (le tiers) T 357, Kalixt III. (Alphons Borgia), Papst 1455–1458.

Cardon (Jaques) L 123, T 1776, entweder Jacotin C., Tuchhändler und Strumpfwirker, Bürger von Paris aus der Gegend der Place Maubert, oder sein Bruder Jacques, der auch in Paris Häuser und Renten hatte.

Carméliste bulle L 95, Bulle von 1449, die den Bettelorden das Recht gab, Beichten entgegenzunehmen zum Nachteil des Rechtes der Pfarrgeistlichkeit, das ihnen auf dem Laterankonzil von 1215 in der Bulle 'Omnis utriusque sexus' zuerkannt worden war.

Carmes (ostel des) T 1191, Karmeliterkonvent auf der Place Maubert.

Cayeux (Colin de) T 1675, Sohn eines Schlossers, ein Jugendfreund Villons, der in Paris studierte und als unverbesserlicher Dieb um das Jahr 1460 gehenkt wurde.

Cesar p VIII 26; hier ist der Herzog von Orléans gemeint.

Chambre aux Deniers T 1747, Finanzverwaltung des königlichen Haushalts.

Chappelain T 1836, vielleicht der Büttel Jean Chappelain, vgl. das Wortspiel mit chappelle/Kapelle.

Charles VII Le Bon T 363, König von Frankreich, † 1461.

Charruau (Guillaume) T 1023, 'Magister der freien Künste' zu Paris (1449).

Chartier (Alain) T 1805, Dichter, † 1430, Anspielung auf seine 'Belle Dame sans Mercy' (éd. Du Chesne p. 503).

Chartreux T 238, 1575, 1968, Kartäuser des Konvents von Vauvert.

Chastellet (le) L 90, Le Châtelet, Gericht und Gefängnis der 'Prévôté' von Paris.

Chevalier du Guet L 169, T 1828, Kommandant der königlichen Wache, haftbar für die Sicherheit in Paris.

Chippre (roy de) T 369, Johann III. von Lusignan, König von Cypern, † 1458.

Cholet L 185, T 1102, 1113, Casin Ch., Böttcher, Büttel am Châtelet, dann seines Amts beraubt, 1465 ausgepeitscht und in Haft genommen.

Claquin T 381, Bertrand du Guesclin, fiel 1380 im Kampf gegen die Engländer.

Colombel T 1931, Guillaume C., königlicher Rat und Präsident der 'Chambre des Enquêtes' (1454), d. i. Parlementskammer zur schriftlichen Verhandlung von Prozessen in erster Instanz; sehr reich und in viele Geldangelegenheiten verwickelt, † 1475.

Cornu (Jehan le oder *Jehan C.)* L 84, T 990, Gerichtsschreiber am Châtelet von frühestens 1465 bis 1470.

Cotart (Jehan) T 34, 1230, 1245 f., erscheint häufig in den Pariser Gerichtsakten als 'procurator' oder 'promotor curie', d. h. mit der Vollmacht, die Geistlichkeit zu vertreten, † 1461.

Cotin (Guillaume) L 217, vgl. T 1306 ff., reicher greiser Kanoniker in Paris und Rat am 'Parlement'; vgl. Victry.

Courault (Andry) T 1457, Procurator am 'Parlement'.

Court (souvraine) p XV 5, 17, 29, das 'Parlement' der oberste französische Gerichtshof.

Cousture du Temple (la chaussée et carreau de la grant) T 1028/29 = cultura, Land, heute die rue Vieille-du-Temple in Paris.

croix p X 27, doppeldeutig, im Gegensatz zu Kreuzen aus Holz und Stein, ist hier an die Kreuz- oder Bildseite der Münzen gedacht; vgl. auch T 98.

Crosse (la –, celle de la rue Saint-Anthoine) L 226, Firmenschild einer Schänke, die 1457 erwähnt wird.

Cuer (Jaques) T 285, bekannter Financier unter Karl VII. Er wurde wegen Mißbrauch seiner Stellung am Hof angeklagt, verurteilt, verlor sein Vermögen und starb 1456 in Armut.

Cul d'Oue (Michault) T 1338, Schöffe (1440), Vorsteher der 'Grande Confrérie aux Bourgeois de Paris' (1448).

David T 291 f., Ps. 35, 10; T 645 2. Sam. 11.

Dauphin (le feu) T 70, nicht der verstorbene, sondern hier der ehemalige Dauphin und jetzige König Ludwig XI.

Decret (le) T 601, das 'Dekret' Gratians, der erste Teil des 'Corpus iuris canonici'.

Dedalus p V 10 »la tour D.« ist das Labyrinth.

Detusca T 1194, lieutenant criminel du prévôt.

Deus laudem T 48, Ps. 109, 8: 'Seiner Tage müssen wenige werden und sein Amt müsse ein anderer empfangen.'

Dijon T 403, le »sire de D., Doles (Dôle) et Salins« ist der Herzog von Burgund.

Diomedès T 130, 154; die Geschichte des Seeräubers D. kannte V. wohl aus einer französischen Übersetzung des Policraticus des John of Salisbury; sie steht nicht bei Valerius Maximus.

Dix et huit clers T 1322, das Kolleg der 'Achtzehn' hatte einen schlechten Ruf; die Bursen (Freiplätze) wurden aus Pfründen des Kapitels von Notre-Dame unterhalten.

Donat (le) T 1284, Aelius Donatus, sein im Mittelalter benutztes Lehrbuch 'De octo partibus orationis'.

Douze (les) T 1071, die 12 Berittenen, die Wache des 'Prévôt' von Paris.

Dufour s. Four.

Eolus p V 34, 'Les serfz E.', die Winde.

Estouteville (Robert de) 'le seigneur qui attaint troubles' T 155 f., 'le seigneur qui sert S. Cristofle' T 1369, 'Prévôt' von Paris und Gemahl der Ambroise de Loré; ihm ist die Ballade T 1378 ff. gewidmet.

Flora, T 330, römische Kurtisane, Juvenal, Sat. II 49.

Four (Michault du) T 1079, Büttel am Châtelet im Jahre 1457, er nahm teil an der Untersuchung des Diebstahls am Collège de Navarre; er war außerdem Wirt und Metzger.

Fournier L 157, T 1030, 'Procurator', vertritt Saint-Benoît-le-Bétourné am Châtelet, 1447–1474 bezeugt.

Galerne (Colin) T 1653, Barbier und Küster von Saint-Germain-le-Vieux in der Cité seit 1460.

Garde (Jehan de la) L 258, T 1354f., 1919, reicher Gewürzhändler in Paris, Sohn eines königlichen Kanzleibeamten; Thibault und Jean sind Bezeichnungen für einen Hahnrei.

Garnier p XVI 2, Etienne G. ist seit 1459 Schreiber des kleinen Gefängnisses des Châtelet.

Genevoys T 1360, Etienne G. oder Pierre G., Prokuratoren am Châtelet.

Gontier (Franc) T 1458f.; Philippe de Vitry, Bischof von Meaux, † 1362, hatte das einfache Leben des Bauern Fr. G. und seiner Frau Hélène besungen; v. 1459 'le tirant seant en hault' spielt an auf ein Gedicht des Pierre d'Ailly, Bischof von Cambrai, über das Elend des Hoflebens.

Gossouyn (Girart) L 202, vgl. T 1275, einer der »Waisenknaben«. G. G. der Ältere, Kanzleibeamter am Châtelet, Wucherer und Salzspekulant.

Gouvieulx L 269, Gouvieux (4 km westlich von Chantilly), wo ein königliches Schloß war.

Grant Godet (le) T 1039, Schänke am Place de Grève.

Grigny L 137, T 1346, Dorf zwischen Longjumeau und Corbeil.

Gueuldry (la maison Guillaume oder *Guillot)* L 223, T 1313, Rue Saint-Jacques, Metzgerei, die dem Kapitel von Notre-Dame zinspflichtig war und lange den Zins schuldig blieb.

Haremburgis, T 348, Tochter und Erbin des Grafen Elias von Maine, † 1226.

Heaulme (le) L 170, Firmenzeichen; es gab eine Schänke dieses Namens 1417 in der Rue Saint-Jacques.

Heaulmiere (la belle) T 454, war im 2. Jahrzehnt des Jahrhunderts die Mätresse des Nicolas d'Orgemont, Archidiakon von Paris, gewesen.

Henry T 1643, maître H. Cousin, 1460 Scharfrichter in Paris.

Hesselin (Denis) T 1014/15, seit 1453 in die Steuerberatungskommission gewählt, 1470–1474 Prévôt der Kaufleute, bis 1500 Einnehmer der Stadt, lebte noch 1509.

Hue Cappel p XVI 9; der Sage nach stammte Hugo Capet aus einer Metzgerfamilie, vgl. Dante, Purg. XX 52.

Innocens (les) T 1734, Friedhof um die Kirche der Saints-Innocents.

Jacoppins L 151, T 1574, Jakobiner, Dominikaner der Rue Saint-Jacques in Paris; nicht zu verwechseln mit jacoppin T 731, schleimiger Auswurf, und jacoppines (souppes) T 1162, eine bekannte gute Suppe.

James (Jaques) T 1812, 1944, Sohn eines reichen Baumeisters in Paris.

Jehanne (la bonne Lorraine) T 349, Jeanne d'Arc.

Job T 218, vgl. Hiob VII 6; p V 9.

Jolis (Noel) T 1636, vermutlich auch der Noel T 662; 1461–1465 ist ein Noel Jolis in Paris bezeugt.

Jouvenel (Michiel) T 1934, Bailli von Troyes (1455), † 1470, durch seine Mutter Michelle de V. naher Verwandter des Thibaut de Vitry.

Ladre (le) T 816 f. Lazarus, Lukas XVI 24.

Lancelot T 378, Ladislaus Postumus, König von Ungarn und Böhmen, † 1457. Sein Ahn ist der Kaiser Sigmund.

Laurens (Colin) L 201, vgl. T 1275, einer der »Waisenknaben«, reicher Gewürzhändler in Paris, Grundstückmakler und Salzspekulant.

Laurens (Jehan) T 1222, einer der Richter von Guy de Tabarie 1458, Kaplan an der Kathedrale.

Lombart T 752, p X 22, Wucherer.

Lomer T 1796, vermutlich Pierre Lomer d'Airaines, Kanoniker von Notre-Dame; 1452–62 bezeugt.

Loré (Ambroise de) T 1378–91 bilden die ersten Buchstaben der Zeilen das Akrostichon ihres Namens; sie heiratet um 1446 Robert d'Estouteville; vgl. das Wortspiel Loré und lorier T 1388.

Lou (Jehan le) oder *Le Loup* L 185, T 1110, vermutlich Schiffer und Fischer und mit der Reinigung der Gräben der Stadt beauftragt. Lieferant für die Stadt (1459) und später Büttel am Châtelet.

Louviers oder *Louvieux (Nicolas de)* L 266, T 1047, Schöffe (1444/49), Steuereinnehmer (1454–64), Rat an der Rechnungskammer, aus einer Pariser Bankier- und Tuchhändlerfamilie; V. spottet über sein »vornehmes« Gebahren; erst nachdem er 1464 geadelt worden war, war ihm erlaubt, mit dem Sperber zu jagen.

Loys T 56, 'le feu Dauphin' T 70, König Ludwig XI.

Macee d'Orléans T 1210, vielleicht, zum Spott als Frau angesprochen (ein Homosexueller?), Meister Macé d'Orléans, Stellvertreter des Bailli von Berry zu Issoudun, bekannt wegen seiner bösen Zunge.

Machecoue (la) T 1053, Inhaberin einer Garküche beim Grand Châtelet, Witwe des Arnoul Machico.

Macquaire T 1418, Anspielung auf einen bekannten schlechten Koch.

Marceau (Jehan) L 202, vgl. T 1275, einer von den »Waisenknaben«, einer der reichsten Pfandleiher von Paris.

Marchant (Perrenet oder *Pernet), le bastart de la Barre* L 177/8, T 764, 937, 1094/5, Büttel, gehörte noch 1491 zu den Zwölfen am Châtelet.

Marchant (Ythier) L 81, T 970, in Diensten des Herzogs von Berry, eines Sohnes König Karls VII.

Marthe T 950–55 (Akrostichon).

Mathelins T 1280, Orden der Mathuriner oder Trinitarier.

Mathieu T 1179, Matheolus aus Bologna, Verfasser des Liber de infortunio suo, V. zitiert nach der Übersetzung des Jehan le Fèvre.

Maubué (fontaine) T 1076, noch heute an der Ecke der Rues Saint-Martin und Simon Lefranc.

Mautaint (Jehan) L 153, T 1366, Untersuchungsrichter im Châtelet, damit beauftragt, die Untersuchung über den Diebstahl im Collège de Navarre einzuleiten.

Mehun T 83, 1633, Meung-sur-Loire.

Mehun (Jehan de) T 1178, Jean de Meung, Fortsetzer des 'Roman de la Rose' des Guillaume de Lorris.

Merebeuf L 265, T 1046, wohl der Tuchhändler Pierre M., rue des Lombards, 1451–61 bezeugt.

Merle T 1266, entweder Jehan, † 1462, oder sein Sohn Germain de M., beide Geldwechsler in Paris.

Millieres (Jehanne de) L 104, eine J. d. M. erscheint 1455 als Klägerin im Register des 'Parlement'.

Montmartre T 1551, gemeint ist das Nonnenkloster auf dem M.

Montigny (Regnier de) L 130, 139, geboren um 1429 als Sohn eines Hofbäckers, schloß sich den 'Coquillards' an und wurde 1457 gehängt.

Montpipeau T 1671, Festung 10 km nördlich von Meung-sur-Loire, aller à Montpipeau heißt im Argot soviel wie stehlen.

Moreau T 774, wahrscheinlich der Moreau, der 1454 zum vereidigten Meister der Garköche gewählt wurde.

Mulle (la) T 90, T 1013, Schänke in der rue Saint-Jacques, V. und seine Freunde hatten sich hier im Dezember 1456 versammelt vor dem Einbruch in das Collège de Navarre.

Nijon T 138, Schloß zwischen Chaillot und Passy.

Noel (crier) p II 8, beim Einzug von Königen und Würdenträgern in eine Stadt rief man 'Noel', als Zeichen des Willkommens und der Freude.

Octovien p V 23, Anspielung auf die Todesstrafe, die nach der 'Historia septem sapientum' über einen Kaiser Octavianus verhängt wurde.

Ogier le Danois T 1803, Held der altfranzösischen Karlssage.

Orace T 276, Urgroßvater Villons.

Ordres (les neuf O. des cieulx) T 838, die neun Chöre, „Ordnungen" (Rilke) der Engel.

Orfèvre de Bois (l') T 1118, Jean Mahé, dit l'O. de B., Büttel am Châtelet und Folterknecht.

Orléans (Marie d') p VIII 5, Tochter des Herzogs Karl von O., geb. 1457.

Parlement L 98, p XV, Oberster Gerichtshof in Frankreich.

Perdrier, Françoys (et Jehan) T 1406/07, Söhne des Guillaume P. Wechsler und Bürger von Paris; Fr. königlicher Einnehmer zu Caudebec, »Helfershelfer« von Villon T 1410, † 1487; Jean, Knappe, 1464, Kastellan im königlichen Schloß von Loges; die Anspielungen der v. 1410–13 sind unverständlich.

Pet au Deable (rommant du) T 858; dieses verlorene Werk Villons handelte davon, wie Pariser Studenten den großen Stein, das Wahrzeichen des gleichnamigen Hotels, wegtrugen (1451/53) und von den sich daran schließenden Händeln mit der Pariser Polizei unter ihrem Prévôt, Robert d'Estouteville, vgl. T 1362 ff.

Petit Pont T 1533, zwischen der Cité und dem linken Ufer der Seine in Paris.

Picart T 37, ketzerische Ungarn des 15. Jahrhunderts, die durch Ziska ausgerottet wurden, werden hier zum Spaß mit den Picarden der Picardie verwechselt, T 40.

Pierre au Let (la) L 174, ein Name der rue des Écrivains nördlich von S. Jacques-la-Boucherie zu Paris.

Pomme de Pin (la) L 149, T 1045, Schänke an der rue de la Juiverie in der Cité.

Poullieu (Jehan de) T 1174, J. de Poliaco, Prediger und Doktor der Universität Paris, dessen Thesen gegen die Bettelmönche 1321 von Papst Johann XXII. verworfen wurden.

Pourras T 1157, Port Royal, bei Chevreuse; die Äbtissin wurde 1463 ihres Lebenswandels wegen abgesetzt.

Provins T 774, vielleicht der Pastetenbäcker Jean P., 1457–59 bezeugt.

Quinze Signes (les) L 253, die fünfzehn Vorzeichen des Jüngsten Gerichts.

Quinze Vings (les) T 1728/30, das Pariser Blindenheim.

Raguier (Jacques) L 145, T 1038/39 1943, wahrscheinlich ein Sohn des Lubin R., Küchenmeister König Karls VII., 1452 erwähnt.

Raguier (Jean) L 131, T 1070, vielleicht ein Büttel, der 1472 erwähnt wird.

Regnier T 1375, René von Anjou, König von Sizilien, † 1480, veranstaltete 1446 zu Saumur ein Turnier.

Richier (Denis) T 1089, von 115–68 als Büttel bezeugt.

Richier (Pierre) T 1283, Professor der Theologie und Leiter eines bedeutenden Pariser Kollegs.

Riou (Jehan) T 1126, Pelzhändler und Hauptmann der städtischen Bogenschützen.

Robert (le petit maistre) T 750, Henker von Orléans.

Rosnel T 1366, Nicolas R., Untersuchungsrichter am Châtelet seit 1453.

Ru (Guillaume de) T 1961, reicher Weingroßhändler in Paris.

Rueil T 1672, westlich von Paris; aller à Rueil bedeutet stehlen.

Ruel (Jehan de) T 1365, vielleicht J. de R., der Ältere, 'licencié en lois' und Auditor am Châtelet.

Saige (le) T 209, der Prediger Salomonis' 11, 9 u. 10; T 1461, Jesus Sirach 8, 1.

Salomon T 630, I. Kön. 11,4; p XI 35 f., Weisheit Salomonis 7, 17 f.

Saint Amant (Pierre) L 89, T 1007, Schreiber in der königlichen Finanzverwaltung 1447.

Saint Antoine (feu) T 600, L 263, gefährliche, als Seuche auftretende Hautkrankheit.

Saint Avoye T 1868, Augustinerinnenkonvent in der rue du Temple, dessen Kapelle im Obergeschoß lag.

Saint-Generou T 1063, Saint-Generoux (Deux-Sèvres).

Saint Jacques L 120, die Kirche Saint-Jacques-la-Boucherie in Paris.

Saint Julien de Voventes T 1064, S.-Julien-de-Vouventes (Loire-Inf.).

Saint-Mor L 259, Abtei S.-Maur-les-Fossés, südöstlich von Paris.

Scotiste (le roy) T 365, König Jakob II. von Schottland, † 1460; die von Villon geschilderte Eigentümlichkeit wird auch sonst erwähnt.

Seneschall (le) T 1820, vielleicht Pierre de Brézé, Großseneschall der Normandie, wurde Ende des Jahres 1461 zu Loches gefangen gesetzt; vgl. T 1825.

Tabarie (Guy) T 859, 'maître ès arts', nahm teil am Diebstahl am Collège de Navarre im Dezember 1456; er erzählte einem Priester davon, der ihn anzeigte; verhaftet und gefoltert (Juli 1458) gestand er und wurde wohl gehenkt.

Tacque Thibault T 737, heißt im 14. Jahrhundert ein Günstling des Herzogs Jean de Berry; er war im Volk wegen seiner Sitten und seiner Erpressungen verhaßt; V. gebraucht den Namen als Beleidigung des Bischofs Thibault d'Aussigny.

Taillevent T 1414, Leibkoch König Karls VI.

Taranne (Charlot) T 1339, aus einer der reichsten Pariser Bürgerfamilien; er wurde 1461 wegen Blasphemie vor Gericht gestellt.

Testament T 757, nannten die Zeitgenossen zu Unrecht Villons 'Lais' von 1456.

Thais T 331, hier wohl die Kurtisane gemeint, die Alexander nach Ägypten folgte.

Thamar T 651, Schwester des David-Sohnes Amnon.

Theophilus T 886, 'Vicedomnus' der Kirche von Adana in Kilikien, der seine Seele dem Teufel verschrieb, um, wie Faust, mehr zu wissen.

Trascaille (Robinet) T 1142, Einnehmer von Château-Thierry (1452).

Travail T 93, p X 3, hier Leiden.

Tricot (Thomas) T 1955, 'Maître ès arts' (1452).

Tristan (l'Ermite) T 1833, 'Prévôst des Mareschaulx'.

Trou Perrete (le) T 1959, Spielhaus in der rue aux Fèves in der Cité, gegenüber la Pomme de Pin.

Trouvé (Jehan) L 161, Metzgersknecht der Grande-Boucherie von Paris (1447), Knecht von Jacquet Hausse-cul, Metzgermeister (1458).

Troys Lis (les) L 175, ein Raum im Gefängnis des Grand Châtelet.

Trumillieres (les) L 102, eine Schänke dieses Namens war in der Nähe der Halles.

Turgis (Robin) T 774, 1017, 1054, Eigentümer der Pomme de Pin seit 1454 und Gerichtsbote.

Turlupins T 1161, ketzerische, durch ihre Ausschweifungen bekannte Sekte.

Unze vingtz sergens T 1086, die Polizeitruppe der 'Prévoté' von Paris, bestand aus zwei Kompanien zu je 110 Mann.

Vache (la), vielleicht La Vache Troussée L 165, Firmenschild.

Vasquerite (Françoys de la) T 1214/15, 1436 'maître' ès arts', 1440 Promotor des Geistlichen Gerichts, d. h. öffentlicher Ankläger und Untersuchungsrichter, 1459

Pfarrer in Argenteuil; der »Ritterschlag« war eine Tracht Prügel von Studenten.

Valée (Robert) L 97, 114, wohl mit dem 'maître ès arts' R. V. identisch (1449), mit Verbindungen zu Bank- und Verwaltungskreisen.

Valerien (mont) T 1554, Erhebung im Westen von Paris.

Valette (Jehan) T 1089, wohl der Büttel dieses Namens am Châtelet, erwähnt 1453–1462.

Vauselles (Katherine de) T 661, Villons Geliebte; ihretwegen verläßt er 1456 Paris (vgl. L 15 ff., wo sie nicht mit Namen genannt ist).

Vauvert T 1197, Haus in königlichem Besitz im Süden von Paris an der Stadtmauer Philipps II. Augustus; es wurde unbewohnbar, es sollte dort spuken; 1257 erhielten es die Kartäuser.

Vegece L 6, Flavius Vegetius Renatus schrieb gegen Ende des 4. Jahrhunderts eine 'epitome rei militaris', die schon im 13. Jahrhundert ins Französische übersetzt worden war.

Vicestre L 140, T 1347, Burg, heute Bicêtre im Süden von Paris.

Victor (Saint) p V 26, wurde nach der Legende zwischen Mühlsteinen zermalmt.

Victry, Thibault de L 218, vgl. T 1306, reicher, alter Kanoniker in Paris, Rat am 'Parlement'.

Villon (Guillaume de) L 70, T 850, geb. zu Villon bei Tonnerre (Yonne), 'Maître ès arts' und 'Baccalaureus', Kaplan von Saint-Benoît-le-Bétourné; er hatte in irgend einer Form François de Montcorbier adoptiert; er starb 1468 siebzigjährig.

Vollant T 1916, Guillaume V., reicher Kaufmann in Paris, 1461 genannt.

Villons Lebensdaten

1431 wurde François de Montcorbier oder des Loges geboren, bekannt unter dem Namen Villon, den er von seinem Wohltäter Magister Guillaume de Villon, Kaplan von Saint-Benoît-de-Bétourné, annahm. 1449 wurde er im März in die Artisten-Fakultät in Paris als Baccalaureus aufgenommen.

1451/52 nahm Villon vermutlich teil an den Studentenunruhen, die auf die Entführung des Grenzsteins 'Le Pet au Diable' und auf die Bestrafung der Täter folgten; sein 'Roman du Pet au Diable' (T 858) ist nicht erhalten.

1452 wurde er 'licencié' und 'maître ès arts'.

1455 tötete Villon am 5. Juni bei einem Streit in einem Benediktinerkloster einen Priester und verließ Paris, um der Bestrafung zu entgehen.

1456 erhielt er einen Begnadigungsbrief. Ende des Jahres nahm er teil an dem Diebstahl von 500 Goldtalern aus dem Collège de Navarre. Er schrieb in dieser Zeit seinen 'Lais'.

1456–60 hielt er sich in Bourg-la-reine, Angers, Bourges und Saint-Généroux auf. In Blois hat er wohl kurze Zeit zum Hof des Grafen Karl von Orléans gehört; er schrieb ein Gedicht auf die Geburt von Karls Tochter Marie (19. XII. 1457). 'La Ballade du concours de Blois' und die besten unter den in das 'Testament' inserierten Balladen gehören wohl in diese Zeit.

Im Sommer 1461 saß Villon im Gefängnis des Bischofs von Orléans zu Meung-sur-Loire (T 13 f.). Dort verfaßte er den »Brief an seine Freunde«. Im Herbst, als Ludwig XI. durch Meung kam, erlangte er seine Freiheit und wandte sich nach Moulins, nachdem er an den Herzog von Burgund sein »Bittgesuch« gerichtet hatte. In

T 101 f. ist Moulins die »gute Stadt«, und »Hoffnung« spielt wohl auf die gleichlautende Devise des Herzogs an. Aber es zog Villon nach Paris zurück. Um die Jahreswende verfaßte er sein 'Testament', den »Streit zwischen Herz und Leib« und die »Ballade der Fortuna«. 1462 wieder in Paris, wurde Villon im Herbst wegen Diebstahls im Châtelet gefangengesetzt, aber gegen das Versprechen, 120 Goldtaler zurückzuzahlen, nach einigen Tagen wieder freigelassen.

1463 wurde Villon wegen einer Rauferei auf der Straße in Paris vom Châtelet zum Strang verurteilt, er verfaßte 'Le Quatrain' und die »Ballade der Gehängten«. Das Urteil wurde aufgehoben, er aber wurde für 10 Jahre aus Paris verbannt. Wegen dieses Urteils schrieb er seine »Ballade der Berufung« und sein »Gesuch an das Parlement«.

Seine weiteren Schicksale und sein Todesjahr sind unbekannt.

Zur Textgestaltung

Da des Rhythmus und des Reimes wegen die neufranzösische Schreibung der Texte Villons in der ersten Auflage nicht konsequent durchgeführt worden war, wurde von der 2. Auflage 1962 an die altfranzösische Schreibung gewählt nach: François Villon, *Œuvres,* ed. par A. Longnon et L. Foulet, 1958 (Les Classiques Français du moyen Age). Die Übersetzung wurde dem an einigen Stellen geänderten Text angeglichen und konnte auch sonst zuweilen berichtigt werden. Nach Villons eigenem Wunsch (T 755) wurde das sogenannte »kleine Testament« wieder »Lais« genannt. Die Gedichte im Argot sind nicht aufgenommen. Die Überschriften der Balladen des »Testament« stammen bis auf die der letzten von dem Dichter Clément Marot, der 1533 die erste kritische Ausgabe der Werke Villons herausgab. Sie sind selbst historisch geworden. Von den Überschriften der »Vermischten Gedichte« stammen die von Nr. IX, X, XI, XIV und XV aus Handschriften, XIII und XVI von Marot, die übrigen von Editoren des 19. Jahrhunderts.

Das Namenverzeichnis soll einen Kommentar ersetzen. Es ist nicht vollständig: bekannte und nicht ermittelte Namen sind übergangen; L = Lais, T = Testament, p = poésies diverses. Die Akrosticha: *Villon:* T 903 ff., T 1621 ff., p I, IV, XI; *Françoys:* T 942 ff., *Marthe:* T 950 ff.; *Ambroise de Loré:* T 1378 ff. sind im Druck kenntlich gemacht.

Zum besseren Verständnis des Testaments, in dem die inserierten Balladen die einzigen wirklichen Legate darstellen, seine Gliederung:

Gliederung des Testaments

Präambel

Betrachtungen

Beschluß

M. L. B.

Zu den Abbildungen und Faksimiles

Dieser Ausgabe sind 17 Abbildungen und Faksimiles beigegeben. Ziel der Bebilderung ist, möglichst dicht an die Originale heranzuführen – ganz in Übereinstimmung mit dem, was Küchler mit seiner Übertragung intendierte, die sich unter den vorhandenen neueren Villon-Übersetzungen am engsten an den Originaltext hält und sich bewußt Freiheiten versagt, die den Text ›moderner‹ oder ›lesbarer‹ gemacht hätten. Wer die Originale studiert, wird inne, wie sehr es Küchler gelungen ist, deren Sprödigkeit und Eigenart zu bewahren.

Die Abbildungen kommen aus drei Quellen: der aus der 2. Hälfte des 15. Jahrhunderts stammenden Handschrift 20041 der Pariser Nationalbibliothek (vgl. dazu die Einführung, S. 15 f.), dem Erstdruck von 1489 und der Ausgabe von Michel Le Noir, für den Jehan Treperel der Druck ausführte (Paris ca. 1497). – Die Handschrift 20041 ist vollständig reproduziert in: *Deux manuscrits de François Villon* (Bibliothèque nationale, fonds français 1661 et 20041). Reproduits en phototypie avec une notice sur les manuscrits du poète par Alfred Jeanroy et Mlle Eugénie Droz, Paris 1932 (Documents artistiques du XVe siècle, tome VI). Von der Erstausgabe 1489 (vgl. Einführung, S. 16) gibt es drei Faksimile-Drucke: 1) Paris, Éditions des Quatre Chemins 1924, hrsg. von Pierre Champion; 2) Paris, Éditions d'art Lucien Mazenod 1957; 3) Genf, Slatkine Reprints 1967; nach Nr. 1).

Die Orientierung über Manuskripte und Drucke und die Beschaffung der Vorlagen wurde durch die Hilfe des Villon-Sammlers und -Bibliographen Rudolf Sturm in Köln ermöglicht, dem dafür aufrichtig gedankt sei. Sein Materialienbuch zu Villon (Essays / Gesamtbibliographie / Forschungsbericht / Illustrationen) erscheint in der 2. Reihe der »Sammlung Weltliteratur«.

Abb. I (S. 33): Druckerzeichen Pierre Levet aus dem Titelblatt der Erstausgabe 1489, Originalgröße; über dem Zeichen steht der auf S. 16 wiedergebene Text – *Abb. II (S. 56):* Fiktive Darstellung Villons, Ausschnitt aus der 1. Seite der Ausgabe 1489 (darunter stehen die Verse 1 – 8), Originalgröße. – *Abb. III (S. 59):* Paralleles Bild (mit derselben Legende wie *Abb. II*) aus der Ausgabe 1497, leicht vergrößert (Original 4,7 × 8,7 cm). – *Abb. IV (S. 60):* 2. (rechts liegende) Seite der Ausgabe 1489, Originalgröße (beschnittenes Format der Originalseiten: 12,5 × 18,3 cm; die Druckkolumnen haben keinen einheitlichen Stand auf den Seiten und sind z. T. sehr nach innen – wie bei dieser Seite – und / oder oben gerückt. – *Abb. V / VI (S. 83 / 84):* Handschrift 20041, Fol. 119 R° und V°. *Vorderseite:* oben zwei Verse des Fol. 113 R° beginnenden ›Testament‹-Textes; dann (unter der Überschrift ›Ballade‹) die Strophen 1 – 3 der »Ballade des Dames du temps jadis«; *Rückseite:* oben Strophe 4 desselben Gedichts; dann Strophe 1 – 2 und 6 Verse der 3. Strophe der »Ballade des seigneurs du temps jadis«. Verkleinert (Originalformat 17 × 24,6 cm). – *Abb. VII (S. 93):* Erstausgabe 1489, Wiederholung der Villondarstellung zu Beginn des »Klagelieds der schönen Helmschmiedin«, linke Seite, Bild hier vergrößert (Original: 4,8 × 9,1 cm); auf der rechten Seite steht praralle die von uns auf S. 133 und S. 183 wiedergegebene typisierte Frauendarstellung. – *Abb. VIII S. 94):* Der eben erwähnten entsprechende Darstellung der ›Helmschmiedin‹ aus der Ausgabe 1497. Vergrößert (Original wie das Pendant *Abb. III*). – *Abb. IX / X (S. 132 / 133):* Zwei Seiten aus der Ausgabe 1489 zu Beginn der »Ballade à s'amye«. Originalgröße, in der Ausgabe jedoch hintereinander, rechts und links stehend, gedruckt. (Abb. IX hat das Akrostichon ›Françoys‹, das Pendant ›Marthe‹ in Abb. X ergibt sich hier nicht.) – *Abb. XI / XII (S. 167 / 168):* Handschrift 20041, Fol. 140 R° und V°. Die *Vorderseite* entspricht genau der S. 164 der hier vorliegenden Ausgabe, die *Rückseite* genau der S. 166. Verkleinert (Originalformat: 17 × 24,2 cm). – *Abb. XIII / XIV (S. 182 /*

183): Ausgabe 1489: Beginn der »Ballade von der dicken Margot«, nebeneinander liegende Seiten wie hier (Originalgröße). – *Abb. XV / XVI (S. 266 / 267):* Doppelseite aus der Ausgabe 1489, nebeneinander liegend gedruckt wie hier (Originalgröße). Links der Vierzeiler »Als Villon fürchtete, gehängt zu werden«, rechts der Beginn von Villons berühmt gewordener »Ballade von den Gehenkten« (»L'Epitaphe Villon«). Von Beginn bis Ende taucht in der Erstausgabe 1489 dieselbe Villondarstellung auf, insgesamt fünfmal, allerdings nicht immer in derselben Größe (der ›kleinste‹ Villon ist der neben dem Galgen = unsere Abb. XV). Analoges gilt für die Darstellung der Frau, die sowohl für die ›Helmschmiedin‹ als für Villons Liebste als für die ›dicke Margot‹ steht. – *Abb. XVII (S. 275):* Handschrift 20041, Fol. 112 V°: die »Ballade de l'Appel« (= S. 272 der vorliegenden Ausgabe). Verkleinert (Originalformat: 16,4 × 24,5 cm).

Umschlagabbildung: *Zudringlicher und badendes Mädchen.* Wandmalerei des Kaiserbades im Bischofshof zu Regensburg (um 1532). Museum der Stadt Regensburg (Nr. 0.21) Foto: Museum der Stadt Regensburg

Von der Erstauflage dieses Buchs im Verlag Lambert Schneider gibt es zwei Ausgaben: François Villon, Sämtliche Dichtungen. Französisch, mit deutscher Übertragung von Walther Küchler. 1956. 237 S.; dasselbe, mit einem Nachwort von Hans Rheinfelder (S. 235–255), 1956. 259 S. (ausgeliefert 1957). Die 2. Auflage erschien 1962 als Neuausgabe, bearbeitet von Marie Luise Bulst, 259 S. (Über die veränderte Textgestaltung vgl. die Notiz auf S. 295 der vorliegenden Ausgabe.) Die 3. Auflage folgte 1972 als verbesserter Neudruck der 2. Auflage.

Mit der 4. Auflage wird die Küchlersche Villon-Ausgabe in die »Sammlung Weltliteratur« (Reihe: Französische Literatur) übernommen. Als »Einführung« wird der Text Rheinfelders wieder beigegeben; als Einleitung, die ursprünglich Küchler selbst hatte schreiben wollen, war er damals schon konzipiert. Seinen eigenen Text, angeregt durch den Verleger, wollte Küchler auf der Grundlage einer Vorlesung in Brüssel, die er eigens dafür dachte und die er nicht mehr hat halten können, ausarbeiten. Hans Rheinfelder, Freund und Kollege Küchlers an der Münchener Universität, hervorragender Kenner des Altfranzösischen, inzwischen selbst abberufen, trat in die Lücke. Der Text wurde unter dem Titel *François Villon und sein Übersetzer Walther Küchler* nachgedruckt in: Hans Rheinfelder, Philologische Schatzgräbereien. Gesammelte Aufsätze. Mit einem Geleitwort von Alfred Noyer-Weidner. München / Darmstadt 1968, S. 206–220.

Der Villon gewidmete, in sich geschlossene Hauptteil des Rheinfelder-Textes wird, leicht redigiert, als eigentliche ›Einführung‹ neu gedruckt. (Die in Klammern stehenden Verweise auf den Text stammen von Rheinfelder selbst.) Der Walther Küchler gewidmete zweite Teil – ursprünglich zugleich als Nachruf gedacht – mußte stärker gekürzt werden. (Teilweise wurde er auch ergänzt.) Er wird nun als selbständige Notiz angefügt. Getilgt wurde er nicht: denn Küchlers Geschick ist mit der Geschichte des Verlages in besonderer Weise verknüpft. Lambert Schneider stand bewußt für den in der Nazizeit Totgeschwiegenen ein: »Es war damals für ihn wie eine Rettung aus der Vergessenheit, in welche man ihn hineingezwungen hatte!« (Jeanne Küchler, 11. 9. 1953); daß 1933–1945 Menschen sich so verhalten konnten wie Küchler, sollte in unserer Erinnerung wach bleiben.

Eine weitere Bereicherung erhält die 4. Auflage durch die Beigabe von 17 Abbildungen und Faksimiles. Es ging dabei nicht um eine ›Illustrierung‹ des Werkes, etwa mit Holzschnitten der Zeit, sondern um Dokumentation, Zuwachs an Authentizität. Zum Einzelnen vgl. S. 299 bis 301.

Der Textteil wurde für den Neudruck durchgesehen und, wo nötig, verbessert. Die Gedichte im Argot bleiben auch aus dieser Ausgabe ausgeschlossen; sie folgt darin der wissenschaftlichen Ausgabe der Werke Villons von Auguste Longnon und Lucien Foulet (vgl. S. 295), die ganz ebenso verfährt mit der Begründung: »Nous avons éstimé avec G. Paris qu'il n'y avait pas intérêt à réimprimer ici les ballades en jargon, qui sont mieux à leur place dans un recueil des documents de l'argot ancien« (p. XIX). Zu bedenken ist zudem die abgewogene Begründung, die Hans Rheinfelder gibt (vgl. die Einführung, S. 12); sie wird durch die bisherigen Übersetzungsversuche eher bestätigt als entkräftet.

Heidelberg, 25. 1. 1982 Lothar Stiehm

Zum vorliegenden insel taschenbuch

Der Text folgt in seitenidentischer Reproduktion der Ausgabe: François Villon. Sämtliche Dichtungen. Französisch und Deutsch. Ins Deutsche übertragen von Walther Küchler. Bearbeitet von Marie Luise Bulst. Mit einer Einführung von Hans Rheinfelder. 4. Auflage [Neuausgabe]. © 1982 Verlag Lambert Schneider, Heidelberg.

Table des matières (pages 35–273)

Inhaltsverzeichnis zum Textteil (S. 35–273)

Poésies diverses

Vermischte Gedichte

Französische Literatur im insel taschenbuch

Honoré de Balzac: Eugénie Grandet. Aus dem Französischen von Gisela Etzel. Herausgegeben von Eberhard Wesemann. it 1127
– Die Frau von dreißig Jahren. Aus dem Französischen übertragen von Werner Blochwitz. it 460
– Glanz und Elend der Kurtisanen. Aus dem Französischen von Felix Paul Greve. it 1232
– Das Mädchen mit den Goldaugen. Aus dem Französischen von Ernst Hardt. Mit einem Vorwort von Hugo von Hofmannsthal. Zehn Illustrationen von Marcus Behmer. it 60
– Tolldreiste Geschichten. Aus dem Französischen von Benno Rüttenauer. Mit Illustrationen von Gustave Doré. it 911
– Vater Goriot. Aus dem Französischen von Franz Hessel. Herausgegeben von Erika Wesemann. it 1167
Charles Baudelaire: Die Blumen des Bösen. Übertragen von Carlo Schmid. it 120
Pierre Augustin Caron de Beaumarchais: Die Figaro-Trilogie. Der Barbier von Sevilla oder Die nutzlose Vorsicht. Der tolle Tag oder Figaros Hochzeit. Die Schuld der Mutter oder Ein zweiter Tartuffe. Deutsch von Gerda Scheffel. Nachwort von Norbert Miller. Mit zeitgenössischen Illustrationen. it 228
Jacques Cazotte: Der verliebte Teufel. Aus dem Französischen von Franz Kaltenbeck. it 2337
George Clémenceau: Claude Monet. Betrachtungen und Erinnerungen eines Freundes. Mit farbigen Abbildungen und einem Nachwort von Gottfried Boehm. it 1152
Alphonse Daudet: Briefe aus meiner Mühle. Aus dem Französischen von Alice Seiffert. it 446
– Tartarin von Tarascon. Die wunderbaren Abenteuer des Tartarin von Tarascon. Mit 45 Zeichnungen von Emil Preetorius. it 84
Denis Diderot: Die Nonne. Mit einem Nachwort von Robert Mauzi, die Übersetzung des Nachworts besorgte Margaret Carroux. it 31
– Die Verräter. Herausgegeben von Horst Günther. Aus dem Französischen von Friedrich Ludwig Wilhelm Meyer. Mit zeitgenössischen Illustrationen. it 1379
Alexandre Dumas: Die drei Musketiere. Aus dem Französischen von Herbert Bräuning. it 1131
– Der Graf von Monte Christo. 2 Bde. Bearbeitung einer alten Übersetzung von Meinhard Hasenbein. Mit Illustrationen von Pavel Brom und Dagmar Bromova. it 266

152/1/8.92

Französische Literatur im insel taschenbuch

Alexandre Dumas: Die Kameliendame. Aus dem Französischen von Walter Hoyer. Mit Illustrationen von Paul Gavarni. it 546

Marguerite Duras: Der Vize-Konsul. Roman. Deutsch von W. M. Guggenheimer. Großdruck. it 2312

Dominique Fernandez: Süditalienische Reise. Aus dem Französischen von Julia Kirchner. Mit farbigen Fotografien von Martin Thomas. it 1076

Gustave Flaubert: Bouvard und Pécuchet. Aus dem Französischen übersetzt von Georg Goyert. Mit Illustrationen von András Karakas. Mit einem Vorwort von Victor Brombert und einem Nachwort von Uwe Japp. it 373

– Drei Erzählungen. Trois contes. Übersetzt und herausgegeben von Cora van Kleffens und André Stoll. it 571

– Lehrjahre des Gefühls. Geschichte eines jungen Mannes. Übertragen von Paul Wiegler. Mit einem Essay und einer Bibliographie von Erich Köhler. it 276

– Madame Bovary. Revidierte Übersetzung aus dem Französischen von Arthur Schurig. it 167

– November. Aus dem Französischen übersetzt von Ernst Sander. Mit einem Nachwort von Monika Bosse. it 411

– Reise in den Orient. Ägypten. Nubien. Palästina. Syrien. Libanon. Aus dem Französischen von Reinhold Werner und André Stoll. Mit Photographien von Maxime Du Camp, einem Register und einem Nachwort. Herausgegeben von André Stoll. it 619

– Salammbô. Herausgegeben und mit einem Nachwort versehen von Monika Bosse und André Stoll. Aus dem Französischen übersetzt von Georg Brustgi. it 342

– Ein schlichtes Herz und andere Erzählungen. Aus dem Französischen von Cora van Kleffens und André Stoll. Großdruck. it 2314

– Wörterbuch der Gemeinplätze. Die Albumblätter der Marquise. Katalog der schicken Ideen. Aus dem Französischen von Monika Petzenhauser. Mit einem Vorwort von J. Rudolfo Wilcock. it 1303

Edmond und Jules de Goncourt: Tagebücher. Aufzeichnungen aus den Jahren 1851-1870. Nach der ersten Gesamtausgabe der Académie Goncourt ausgewählt, übertragen und herausgegeben von Justus Franz Wittkop. it 692

Choderlos de Laclos: Schlimme Liebschaften. Mit 14 Kupferstichen. Übertragen und eingeleitet von Heinrich Mann. it 12

152/2/8.92

Französische Literatur
im insel taschenbuch

La Fontaine: Die schönsten Fabeln. Aus dem Französischen von Thomas Keck. Mit farbigen Illustrationen von Rolf Köhler und einem Nachwort von Jürgen von Stackelberg. it 1451

Guy de Maupassant: Bel-Ami. Aus dem Französischen von Josef Halperin. Mit zeitgenössischen Illustrationen. it 280

– Die Brüder. Novelle. Deutsch von Ernst Weiß. Mit Illustrationen von Géo Dupuis. it 712

– Das Haus Tellier. Und andere Erzählungen. Ausgewählt und mit einem Nachwort versehen von Werner Berthel. Mit zeitgenössischen Illustrationen. Aus dem Französischen übersetzt von Helmut Bartuschek und Karl Friese. it 248

Prosper Mérimée: Carmen. Mit Zeichnungen von Pablo Picasso. Aus dem Französischen übersetzt von Franz Schnabel. it 361

Honoré-Gabriel Mirabeau: Der gelüftete Vorhang oder Lauras Erziehung. Aus dem Französischen von Eva Moldenhauer. Nachbemerkung von Norbert Miller. it 32

Molière: Der eingebildete Kranke. Aus dem Französischen von Johanna Walser und Martin Walser. it 1014

– Der Menschenfeind. Nach dem Französischen des Molière von Hans Magnus Enzensberger. it 401

Michel de Montaigne: Essais. Herausgegeben und mit einem Nachwort versehen von Ralph-Rainer Wuthenow. Revidierte Fassung der Übertragung von Johann Joachim Bode. it 220

– Tagebuch einer Reise durch Italien. Aus dem Französischen von Otto Flake. it 1074

Blaise Pascal: Größe und Elend des Menschen. Aus den »Pensées«. Auswahl, Übersetzung und Nachwort von Wilhelm Weischedel. it 441

– Über die Religion und über einige andere Gegenstände. Aus dem Französischen übertragen und mit einem Nachwort herausgegeben von Ewald Wasmuth. it 1008

Marthe Princesse Bibesco: Begegnung mit Marcel Proust. Aus dem Französischen von Eva Rechel-Mertens. it 1349

Renate Wiggershaus: Marcel Proust. Leben und Werk in Texten und Bildern. it 1348

François Rabelais: Gargantua und Pantagruel. Mit Illustrationen von Gustave Doré. Herausgegeben von Horst und Edith Heintze. Erläutert von Horst Heintze und Rolf Müller. 2 Bände. Übersetzung auf Grund der maßgebenden französischen Ausgabe, unter Benutzung der deutschen Fassung von Ferdinand Adolf Gelbcke. it 77

152/3/8.92

Französische Literatur im insel taschenbuch

Arthur Rimbaud: Sämtliche Werke. Französisch und deutsch. Übertragen von Sigmar Löffler und Dieter Tauchmann. Mit Erläuterungen zum Werk und einer Chronologie zum Leben Arthur Rimbauds, neu durchgesehen von Thomas Keck. it 1398

Jean-Jacques Rousseau: Bekenntnisse. Aus dem Französischen von Ernst Hardt. Mit einer Einführung von Werner Krauss. it 823

Marquis de Sade: Justine oder Die Leiden der Tugend. Mit einem Essay von Albert Camus. Aus dem Französischen von Raoul Haller. it 1257

– Verbrechen der Liebe. Heroische und tragische Novellen. Aus dem Französischen von Christian Barth. it 1448

George Sand: Geschichte meines Lebens. Aus ihrem autobiographischen Werk ausgewählt und mit einer Einleitung versehen von Renate Wiggershaus. it 313

– Indiana. Aus dem Französischen von A. Seubert. Mit einem Essay von Annegret Stopczyk. it 711

– Lélia. Aus dem Französischen von Anna Wheill. Mit einem Essay von Nike Wagner. it 737

– Lucrezia Floriani. Roman. Aus dem Französischen von Anna Wheill. it 858

– Das Teufelsmoor. Aus dem Französischen von Helene und Herbert Kühn. Mit Illustrationen von Tony Johannot. it 943

Eugène Scribe: Die erste Liebe oder Erinnerungen an die Kindheit. Aus dem Französischen von Reinhard Palm. Mit einem Essay von Sören Kierkegaard. it 1396

Misia Sert: Pariser Erinnerungen. Aus dem Französischen von Hedwig Andertann. Mit einem Bildteil. it 1180

Madame de Sévigné: Briefe. Herausgegeben und übersetzt von Theodora von der Mühl. Mit zeitgenössischen Kupferstichen. it 395

Anne Germaine Madame de Staël: Über Deutschland. Vollständige und neu durchgesehene Fassung der deutschen Erstausgabe von 1814 in der Gemeinschaftsübersetzung von Friedrich Buchholz, Samuel Heinrich Catel und Julius Eduard Hitzig. Herausgegeben und mit einem Nachwort versehen von Monika Bosse. Mit einem Register, Anmerkungen und einer Bilddokumentation. it 623

Stendhal: Die Kartause von Parma. Vollständige Ausgabe. Aus dem Französischen von Arthur Schurig. it 1222

– Lucien Leuwen. Aus dem Französischen übersetzt und mit einem Nachwort versehen von Otto von Taube. it 758

– Rot und Schwarz. Vollständige Ausgabe. Aus dem Französischen von Arthur Schurig. Mit einem Nachwort von Uwe Japp. it 1210

152/4/8.92

Französische Literatur
im insel taschenbuch

Stendhal: Über die Liebe. Vollständige Ausgabe. Aus dem Französischen und mit einer Einführung von Walter Hoyer. it 124

François Villon: Sämtliche Dichtungen. Zweisprachige Ausgabe. Aus dem Französischen von Walther Küchler. it 1039

Voltaire: Candide oder der Optimismus. Mit Zeichnungen von Paul Klee. it 11

– Philosophisches Wörterbuch. Nach der Textauswahl von Rudolf Noack. Herausgegeben und eingeleitet von Karlheinz Stierle. Aus dem Französischen von Erich Salewski und Karlheinz Stierle. it 855

– Sämtliche Romane und Erzählungen. Mit einer Einleitung von Victor Klemperer und Stichen von Moreau le jeune. Aus dem Französischen übersetzt von Ilse Lehmann. it 209

– Zadig oder das Schicksal. Eine orientalische Erzählung. Aus dem Französischen von Ilse Lehmann. Mit vierzig Radierungen von Marcus Behmer. it 121

Wilhelmine von Bayreuth: Eine preußische Königstochter. Glanz und Elend am Hofe des Soldatenkönigs in den Memoiren der Markgräfin Wilhelmine von Bayreuth. Aus dem Französischen von Annette Kolb. Neu herausgegeben von Ingeborg Weber-Kellermann. Mit Illustrationen von Adolph Menzel. it 1280

Emile Zola: Germinal. Aus dem Französischen von Armin Schwarz. Mit Illustrationen von Renate Sendler-Peters. it 720

– Nana. Aus dem Französischen und mit einem Nachwort versehen von Erich Marx. Illustrationen von Renate Sendler-Peters. it 398

– Thérèse Raquin. Aus dem Französischen von Ernst Hardt. it 1146

152/5/8.92

Literatur und Reisen im insel taschenbuch

Alt-Prager Geschichten. Gesammelt von Peter Demetz. Mit Illustrationen von Hugo Steiner-Prag. it 613

Alt-Wiener Geschichten. Gesammelt von Joseph Peter Strelka. Mit sechs farbigen Abbildungen. it 784

Das andere Ferienbuch. Herausgegeben von Vera Pagin und Hans-Joachim Simm. it 1174

Ernst Batta: Römische Paläste und Villen. Annäherung an eine Stadt. Mit zahlreichen Abbildungen. it 1324

Berlin. Literarischer Führer. Von Fred Oberhauser und Nicole Henneberg. Mit farbigen Abbildungen. it 1412

Sigrun Bielfeldt: Literarischer Führer durch Moskau. Mit zahlreichen Abbildungen. it 1382

Bodensee. Reisebuch. Herausgegeben von Dominik Jost. Mit zahlreichen Abbildungen. it 1490

Bonn. Ein Städte-Lesebuch. Herausgegeben von Doris Maurer und Arnold E. Maurer. Mit zahlreichen Abbildungen. it 1224

Kai Brodersen: Die Sieben Weltwunder. Philon von Byzanz und andere antike Texte. Zweisprachige Ausgabe von Kai Brodersen. Mit zahlreichen Abbildungen. it 1392

Dresden. Ein Reiselesebuch. Herausgegeben von Katrin Nitzschke. Unter Mitarbeit von Reinhard Eigenwill. Mit zahlreichen Abbildungen. it 1365

Das Ferienbuch. Literarische Souvenirs, aufgelesen von Vera Pagin und Hans-Joachim Simm. it 1082

Dominique Fernandez: Süditalienische Reise. Aus dem Französischen von Julia Kirchner. Mit farbigen Fotografien von Martin Thomas. it 1076

Flandern. Ein literarisches Landschaftsbild. Herausgegeben von Werner Jost und Joost de Geest. it 1254

Florenz. Lesarten einer Stadt. Herausgegeben von Andreas Beyer. Mit zahlreichen Illustrationen. it 633

Florida. Reisebuch. Herausgegeben von Katharina Frühe und Franz Josef Görtz. Mit zahlreichen Abbildungen. it 1492

Theodor Fontane: Jenseit des Tweed. Bilder und Briefe aus Schottland. Mit zahlreichen Abbildungen und einem Nachwort herausgegeben von Otto Drude. it 1066

Georg Forster: Reise um die Welt. Herausgegeben und mit einem Nachwort von Gerhard Steiner. it 757

Frankfurt. Reisebuch. Herausgegeben von Herbert Heckmann. Mit zahlreichen Abbildungen. it 1438

158/1/8.92

Literatur und Reisen
im insel taschenbuch

Manuel Gasser: Spaziergang durch Italiens Küchen. Mit Bildern von Manfred Seelow. it 391

Johann Wolfgang Goethe: Italienische Reise. Mit vierzig Zeichnungen des Autors. Herausgegeben und mit einem Nachwort versehen von Christoph Michel. it 175

– Tagebuch der Italienischen Reise 1786. Notizen und Briefe aus Italien. Mit Skizzen und Zeichnungen des Autors. Herausgegeben und erläutert von Christoph Michel. it 176

– Tagebuch der ersten Schweizer Reise 1775. Goethes letzte Schweizer Reise. Mit den Zeichnungen des Autors und einem vollständigen Faksimile der Handschrift, herausgegeben und erläutert von Hans-Georg Dewitz. it 300/375

Dietmar Grieser: Wiener Adressen. Ein kulturhistorischer Wegweiser. it 1203

Hamburg. Ein Städte-Lesebuch. Herausgegeben von Eckart Kleßmann. it 1312

Victor Hehn: Olive, Wein und Feige. Kulturhistorische Skizzen. Herausgegeben von Klaus von See unter Mitwirkung von Gabriele Seidel-Leimbach. Mit farbigen Abbildungen. it 1427

Heidelberg-Lesebuch. Stadt-Bilder von 1800 bis heute. Herausgegeben von Michael Buselmeier. it 913

Heinrich Heine: Briefe aus Berlin. Herausgegeben von Joseph A. Kruse. it 1322

– Italien. Mit farbigen Illustrationen von Paul Scheurich. it 1072

Hermann Hesse: Mit Hermann Hesse durch Italien. Ein Reisebegleiter durch Oberitalien. Mit farbigen Fotografien. Herausgegeben von Volker Michels. it 1120

Mit Hermann Hesse reisen. Betrachtungen und Gedichte. Herausgegeben von Volker Michels. it 1242

Istanbul. Herausgegeben von Esther Gallwitz. Mit Illustrationen von Thomas Allom. it 530

Erhart Kästner: Griechische Inseln. Aufzeichnungen aus dem Jahre 1944. Mit einem Nachwort von Heinrich Gremmels. it 118

– Kreta. Aufzeichnungen aus dem Jahre 1943. Mit einem Nachwort von Heinrich Gremmels. it 117

– Die Lerchenschule. Aufzeichnungen von der Insel Delos. it 57

– Ölberge, Weinberge. Ein Griechenland-Buch. Mit Zeichnungen von Helmut Kaulbach. it 55

– Ölberge, Weinberge. Die Stundentrommel vom heiligen Berg Athos. 2 Bände in Kassette. it 55/56

158/2/8.92

Literatur und Reisen
im insel taschenbuch

Erhart Kästner: Die Stundentrommel vom heiligen Berg Athos. it 56

Kunstführer durch Sachsen und Thüringen. Herausgegeben von Katharina Flügel. Mit farbigen Abbildungen. it 1327

Carl von Linné: Lappländische Reise. Mit Zeichnungen des Autors. Aus dem Schwedischen übersetzt von H. C. Artmann unter Mitwirkung von Helli Clervall. it 102

Literarischer Führer durch Schwarzwald und Oberrhein. Ein Insel-Reisebuch. Herausgegeben von Hans Bender und Fred Oberhauser. Mit zahlreichen Abbildungen. it 1330

London. Eine europäische Metropole in Texten und Bildern. Herausgegeben von Norbert Kohl. it 322

Doris Maurer / Arnold E. Maurer: Literarischer Führer durch Italien. Ein Insel-Reiselexikon. Mit zahlreichen Abbildungen, Karten und Registern. it 1071

Doris Maurer / Arnold E. Maurer: Literarischer Führer durch Venedig. Mit farbigen Abbildungen. it 1413

Günter Metken: Reisen als schöne Kunst betrachtet. Erlebtes und Gesehenes aus fernen Ländern. Mit Photographien von Sigrid Metken. it 639

Mit Rilke durch das alte Prag. Herausgegeben von Hartmut Binder. Mit zahlreichen Abbildungen. it 1489

Michel de Montaigne: Tagebuch einer Reise durch Italien. Aus dem Französischen von Otto Flake. it 1074

Sigrun Bielfeldt: Literarischer Führer durch Moskau. Mit zahlreichen Abbildungen. it 1382

München. Ein Lesebuch. Herausgegeben von Reinhard Bauer und Ernst Piper. Mit zahlreichen Abbildungen. it 827

Fred Oberhauser / Gabriele Oberhauser: Literarischer Führer durch Deutschland. Ein Insel-Reiselexikon für die Bundesrepublik Deutschland und Berlin. Mit Abbildungen, Karten und Registern. it 527

Paris. Deutsche Republikaner reisen. Herausgegeben von Karsten Witte. it 389

Ernst Penzoldt: Sommer auf Sylt. Liebeserklärungen an eine Insel. Mit farbigen Zeichnungen des Verfassers. Herausgegeben von Volker Michels. it 1424

Potsdam. Ein Reise-Lesebuch. Herausgegeben von Doris Maurer und Arnold E. Maurer. Mit farbigen Abbildungen. it 1432

Prag. Ein Lesebuch. Herausgegeben von Jana Halamičková. Mit zahlreichen Abbildungen. it 994

Rom. Ein Städte-Lesebuch. Herausgegeben von Michael Worbs. it 921

158/3/8.92

Literatur und Reisen
im insel taschenbuch

Salzburg. Ein Städte-Lesebuch. Herausgegeben von Adolf Haslinger. Mit zahlreichen Abbildungen. it 1326

Schleswig-Holstein. Ein Reiselesebuch. Herausgegeben von Dieter-Alpheo Müller und Fred Oberhauser. Mit zahlreichen Abbildungen. it 1393

Südtirol. Ein literarisches Landschaftsbild. Herausgegeben von Dominik Jost. it 1317

Toskana. Ein literarisches Landschaftsbild. Herausgegeben von Andreas Beyer. Mit Fotografien von Loretto Buti. it 926

Tübingen. Ein Städte-Lesebuch. Herausgegeben von Gert Ueding. Mit zahlreichen Abbildungen. it 1246

Umbrien. Reisebuch. Herausgegeben von Isolde Renner. Mit zahlreichen Abbildungen. it 1491

Venedig. Herausgegeben von Doris Maurer und Arnold E. Maurer. Mit zahlreichen Abbildungen. it 626

Warum in die Ferne? Das Lesebuch vom Daheimbleiben. Eingerichtet von Hans Christian Kosler. it 1332

Die Welt der Museen. Herausgegeben von Joachim Rönneper. it 1493

Westfalen. Ein Reiselesebuch. Herausgegeben von Hans Georg Schwark und Fred Oberhauser. Mit zahlreichen Abbildungen. it 1394

Wien im Gedicht. Herausgegeben von Gerhard C. Krischker. it 1488

158/4/8.92